열매와 은사

성령의 선물

Fruits and Gifts of the Spirit by Thomas Keating
© St. Benedict's Monastery, Snowmass, Colorado, 2000
published by Lantern Publishing & Media, PO Box 1350, Woodstock, NY 12498, USA
All rights reserved.
Korean translation copyright © 2005, 2023 Catholic Publishing House

열매와 은사

2005년 1월 31일 교회 인가
2005년 11월 25일 초판 1쇄 펴냄
2023년 3월 29일 개정 초판 1쇄 펴냄
2023년 5월 18일 개정 초판 2쇄 펴냄

지은이 · 토마스 키팅
옮긴이 · 차덕희
펴낸이 · 정순택
펴낸곳 · 가톨릭출판사
편집 겸 인쇄인 · 김대영
편집 · 이아람, 김소정
디자인 · 정진아
마케팅 · 임찬양

본사 · 서울특별시 중구 중림로 27
등록 · 1958. 1. 16. 제2-314호
전자우편 · edit@catholicbook.kr
전화 · 1544-1886(대표 번호)
지로번호 · 3000997

ISBN 978-89-321-1853-6 03230

값 16,000원

성경 · 전례문 · 교회 문헌 ⓒ 한국천주교중앙협의회, 2023

가톨릭의 모든 도서와 성물을 '가톨릭출판사 인터넷쇼핑몰'에서 만나 보실 수 있습니다.
http://www.catholicbook.kr | (02)6365-1888(구입 문의)

이 책의 한국어 출판권은 (재)천주교서울대교구 가톨릭출판사에 있습니다.
저작권법에 의해 한국 내에서 보호를 받는 저작물이므로 무단 전재와 무단 복제를 금합니다.

열매와 은사

성령의 선물

토마스 키팅 지음
차덕희 옮김

가톨릭출판사

그리스도인들의 도덕적 삶은 성령의 선물로 지탱된다. 이 선물은 성령의 이끄심에 기꺼이 따르는 항구한 마음가짐이다.

이러한 성령의 일곱 가지 선물은 지혜, 통찰(깨달음), 의견, 용기(굳셈), 지식, 공경(효경)과 하느님에 대한 경외이다. 다윗의 후손이신 그리스도께서는 이 성령의 선물들을 완전히 갖추셨다. 성령의 선물은 그것을 받는 사람들의 덕을 보충하고 완전하게 한다. 이 선물들은 열심인 신자들을 하느님의 감도에 기꺼이 순종하게 한다.

"당신의 선하신 영이 저를 바른길로 인도하게 하소서."(시편 143,10)

"하느님의 영의 인도를 받는 이들은 모두 하느님의 자녀입니다. …… 자녀이면 상속자이기도 합니다. 우리는 하느님의 상속자입니다. 그리스도와 더불어 공동 상속자인 것입니다."(로마 8,14.17)

성령의 열매는 성령께서 영원한 영광의 첫 열매로서 우리 안에 이루어 놓으신 완덕이다. 성경은 이 열매들을 다음과 같이 아홉 개로 꼽는다.

"사랑, 기쁨, 평화, 인내, 호의(친절), 선행, 성실(충실), 온유, 절제."(갈라 5,22-23)

《가톨릭 교회 교리서》, 1830~1832항

차례

하느님께서는 우리 안에 계신다 11

성령의 열매 31
살아 계신 그리스도를 만나도록 하는 아홉 가지 열매

성령의 은사 49
내 안에서 자라는 하느님 사랑

경외의 은사 75
진실한 마음으로 하느님 앞에 나아가는 용기

굳셈의 은사 87
두려움을 이기고 하느님을 사랑하게 하는 힘

효경의 은사 101
하느님 안에 하나 되는 기쁨

의견의 은사 111
진정한 하느님의 뜻을 이루기 위해

지식의 은사 129
모든 것 안에서 하느님 발견하기

깨달음의 은사 Ⅰ 149
우리 신앙의 진리를 밝혀 주는 빛

깨달음의 은사 Ⅱ 167
고통 안에서 발견하는 하느님

지혜의 은사 183
하느님의 눈으로 세상을 바라보는 기쁨

부록 200
성령 강림 대축일 부속가

하느님께서는
우리 안에 계신다

　대부분의 사람들은 하느님께서 계시지 않는다고 생각하며 매일매일을 살아간다. 하지만 조금이라도 형이상학적인 지식을 갖게 되면 매 순간 하느님께서 계시지 않다면 나도 존재할 수 없다는 사실을 깨닫게 된다. 창조는 일회적인 사건이 아니다. 창조란 가장 작은 단위에서 가장 높은 의식 수준까지 모든 단계에서 일어나는 하느님의 지속적인 선물이다.

　예수의 데레사 성녀는 "우리가 기도를 드릴 때 느끼는 어려움은 마치 하느님께서 계시지 않는 것처럼 기도하는 데서 옵니다."라고 하였다. 우리는 유년기부터 하느님께서 계시지 않는다고 확신하며 살아간다. 이러한 확신은 우리 삶 곳곳에 스며들어 있다. 이 확신은 성장하면서 더 강해진다. 복음 말씀에 이끌려 영적 여정을 시작하지 않는 한 말이다. 따라서 영적 여정이란 하느님께서 멀리 계신다거나 안 계신다는 터무니없는 환상에서 벗어나는 과정이다. 우리는 하느님께서 나의 바람을 들어주시지 않을 때, 그분이 계시지 않는다는 확신을 갖게 된다. 그러나 이것은 이성적 판단이 아닌 감성적 판단에 근거한 비이성적인 태도다. 불행하게도 통제되지 않는 감정은 이성과 의지에 복종하지 않는다. 오히려 감정은 그 자체로 원동력을 지닌다.

이성과 의지로 어떤 일을 결정하려 할 때, 감정이 이성과 의지를 따를지 말지를 좌지우지한다. 만일 그 계획이 감정과 대립하게 된다면 우리 안에서는 반란이 일어나게 된다.

유년기에서 벗어나 자의식이 생기면서 하느님께서 내 안에 현존하시는지에 관한 개념은 대체로 모호하고 희미해져 간다. 반면 영적 여정의 시작에서 끝까지 모든 과정에는 언제나 하느님께서 현존하신다는 확신이 바탕에 깔려 있다. 그래서 영적 여정을 한 걸음씩 나아갈 때마다 하느님의 현존을 더욱더 인식하게 된다. 영적 여정은 하느님과 정서적이고 지성적이며 신체적인 관계를 점차 넓혀 가는 과정이다. 하느님께서는 우리 안에 현존하시지만 보통 우리의 정서와 개념으로는 잡을 수 없다.

삼위일체 교리는 세 위격 안에 계시는 한 하느님을 계시한다. 첫 번째 위격은 아버지, 두 번째 위격은 말씀, 세 번째 위격은 성령이다. 여기서 성령은 '숨'을 의미한다. 여러분은 말씀을 '한 분'이라고 한다거나, 숨을 '한 분'이라고 이야기할 때 이를 이해하는가? 이는 하느님에 대해 말할 때, 우리가 아는 어떤 이에 대해 말하는 것과는 같지 않음을 전하려는 것이다.

하느님의 위격 개념은 관계를 말한다. 이는 오직 인간 관계의 유비類比일 뿐이다. 그러므로 우리는 하느님의 현존을 사람들이 현존하는 방식으로 기대해서는 결코 안 된다. 구약 성경 영성의 최고 열매는 오랜 기간 교육을 통해 맺어진 것이다. 즉, 선택된 민족이 점차적으로 자신들의 하느님께서 다른 근동 지역의 많은 신들 가운데 하나라는 좁은 개념에서 벗어나, 초월자로서의 하느님 개념을 갖게 되었다는 점이다. 인류를 향한 이스라엘 백성의 위대한 선물은 유일하신 하느님이다.

하느님께서는 우리 안에 현존하신다. 하지만 오로지 감각과 느낌에 근거하여 판단하고 선입견을 갖는다면 결코 그분께 도달할 수 없다. 예수님께서는 매우 알아듣기 쉽게 말씀하셨다. "하느님의 나라는 눈에 보이는 모습으로 오지 않는다. 또 '보라, 여기에 있다' 또는 '저기에 있다' 하고 사람들이 말하지도 않을 것이다. 보라, 하느님의 나라는 너희 가운데 있다."(루카 17,20-21)

그러므로 영적 여정의 신학적 근본 원리는 하느님께서 우리 안에 계신다는 것이다. 삼위일체 하느님께서는 내 안에 현존하시며 인간 존재의 모든 차원에서 원천이 되신다. 가장 육체적인 차원부터 가장 영적인 차원에 이르기까지 삶의 모든 차원은 하느님의 현존으로 지탱된다. 그렇기에 하느님께서 계시지 않는다는 생각으로 전례에 참석하거나 기도하러 가는 것은 현존하시는 그분과 관계를 맺는 것을 방해할 뿐이다.

하느님의 다스림은 근본적으로 그분께서 내 안에서 이루시는 것이다. 하느님께서는 단 한순간도 멈추지 않으신다. 그리고 우리의 육체적, 지적, 영적인 활동을 지탱하는 에너지로서 현존하신다. 예수님께서는 우리가 원천에 다시 뿌리를 내려 완전한 인간으로 성장하도록 부르신다. 또 그분은 하느님께서 한없이 온화하고, 연민 가득하고, 끝없이 양육하고, 무한한 능력과 힘을 준다는 것을 체험하도록 부르신다.

예수님께서는 성부를 '아빠Abba'로 체험하셨다. 이는 모든 살아 있는 것, 특별히 인간에 대한 무한한 관심과 자애다. 예수님의 하느님 체험은 그 당시 종교적 맥락 안에서 혁명적이었다. 이런 예수님의 하느님에 대한 이해는 교부들의 주석에 반영되었고, 이제는 모든 교리 교육의 첫 강좌에 들어 있으며, 강론과 설교에서 반복되고 있다. 삼위일체 하느님께서 우리 안에 현존하고 계심은 신앙의 진리이지만, 쉽게 잊히고 외면당하고 있다. 하지만 근본적이고 개인적인 회심은 이 신리에 대한 신뢰에 달려 있다.

우리는 그리스도교 전통 안에서 성경 안에 계시된 하느님의 말씀을 믿는다. 또 하느님께서 이 말씀을 통하여 내게 말을 걸어오신다는 것을 믿는다. 또한 말씀은 예수님 안에서 어떻게 완전한 인간과 완전한 하느님이 될 수 있는가 하는 청사진을 보여 주기 위해서 사람이 되셨다. 영원하신 말씀이신 하느님께서는 성경과 전례로서 말씀하시며, 그분께서 항상 우리 가운데 현존하심을 깨닫게 하신다.

관상 기도는 마음을 열고 이러한 관계를 깨닫는 것이다. 그리고 하느님께서 인간을 위하여 무엇을 하시고, 무엇을 해 오셨고, 또 앞으로 무엇을 하실지도 깨닫게 된다.

초기 그리스도인들은 성경을 읽기보다는 주로 들었다. 그 당시 그리스도인들에게는 성경이 없었다. 만일 여러분이 영적 여정에 관심이 있는데 오직 일주일에 단 한 번만 복음 말씀을 들을 수 있다면, 아마도 온 마음을 다해 복음 말씀에 귀를 기울일 것이다. 그러나 우리는 이 세상의 온갖 잡다한 읽을거리로 무감각해져서 성경의 생동감을 쉽게 느끼지 못한다. 그리스도께서 성경 안에 현존해 계신데도 말이다. 성경 안에 현존하시는 그리스도는 마음으로 준비된 이들의 가슴속에 말씀하신다. 또한 성령께서는 그 말씀이 각자의 상황 속에도 전해지도록 슬쩍 건드리신다. 이것은 우리에게 도전이 되기도 하고 용기를 주기도 한다.

 복음 말씀은 우리 안에 이미 현존해 계시는 하느님의 말씀이다. 이를 반드시 명심해야 한다. 이를 명심하고 하느님의 말씀에 귀를 기울일 때, 점차 광명으로 나아가게 된다.

기도와 활동 안에서 드러나는 하느님의 현존

 초대 교회 교부들은 이러한 과정을 '영적 감각이 발전되어 가는 과정'이라고 했다. 우리는 외적인 인식으로서 물질적 실체를 즉시 감지한다. 그러나 영적 인식은 그렇지 않다. 영적인 인식을 하려면 하느님 말씀에 동화되고, 말씀을 내면화하고, 그 말씀을 깨닫는 점진적인 과정을 거쳐야 한다. 이러한 과정을 거칠 때 다양한 형태로 신직 실체를 직접 알아차리게 된다. 그리고 그 과정 속에서 바오로 사도와(갈라 5,22-23 참조) 예수님의 행복 선언에서(마태 5,3-11 참조) 열거하는 성령의 열매들이 드러나기 시작한다. 이런 성령의 열매들은 우리가 하느님의 현존에 깨어 있다는 표시다.

이 과정의 첫 단계는 훌륭한 스승에게 배우고자 하는 사람처럼 온 마음으로 귀를 기울이는 것이다. 예수님께서는 그리스도인들의 계획을 비추어 주시고, 영광을 받으실 그리스도로서 그리스도인들의 공동체 안에 살아 계신다.

특히 전례는 말씀과 상징으로서 깨달음으로 인도한다. 우리가 전례 안에서 듣게 되는 성경 말씀들은 삶 속에서 기도와 활동이 어떻게 작용하는지 깨닫게 해 준다. 그리고 기도, 성사, 선행도 모두 한 가지 목적을 향하고 있다. 우리가 아직 미처 깨닫지는 못하지만, 실제로 나를 존재하게 해 주신 분을 알아차리도록 하는 것이다. 또한 성체를 받아 모신다는 것은 그리스도께서 나를 잠시 방문하시는 데에서 그치지 않는다. 이는 내 안에 계시는 그분의 영원한 현존을 깨닫고, 나 자신을 좀 더 하느님 아버지에 대한 체험 안으로 이끄는 것이다.

성령께서는 성령의 열매와 여덟 가지 참행복으로 우리에게 능력을 부어 주신다. 그렇게 하여 그리스도의 부활을 증언하게 하신다. 성경을 문자적으로라도 읽다 보면 선한 의지로 그 메시지에 귀를 기울이게 된다. 그리고 하느님께서 계시지 않는다는 환상을 깨뜨리는 과정을 시작하게 된다. 여기서 더 나아가면 중세 수도원에서 **성경의 윤리적 차원**이라고 말한 지점에 도달할 수 있는데, 이는 복음의 가치를 깨닫고 따르려고 노력하는 차원이다. 이렇게 할 때 성령의 활동은 일상 안에서 증진된다. 훌륭한 귀감이 되는 예수님의 삶에 감동을 받고, 본능적인 욕구를 극복하고 참된 삶을 살도록 용기를 내게 된다. 그렇게 우리를 환하게 밝혀 주시려 빛으로 오시는 하느님의 현존을 맞아들일 수 있게 된다.

여기서 더 깊은 내면으로 들어가면 **성경의 우의적 차원**이라고 말하는 지점에 도달하게 된다. 이 차원에서 하느님 말씀을 듣게 되면 더 큰 깨달음을 얻게 된다. 복음 말씀에서 들은 바와 삶에서 일어나고 있는 모든 게 동일한 은총임을 깨닫는 것이다. 예를 들면 예수님께서 사도들의 잘못을 참아 주신 만큼 나의 잘못도 참아 주실 것이라는 점을 깨닫는 식으로 말이다. 예수님께서 제자들을 초대하여 "들을 귀 있는 사람은 들어라."(마르 4,9;루카 8,8;루카 14,35) 하고 말씀하셨을 때, 제자들은 스승님께서 말씀하시는 차원을 알아듣지 못했다. 말씀이신 하느님께서는 우리 귀에 대고 말씀하시는 게 아니라, 마음과 가슴에 말씀하신다. 바로 인간 존재의 가장 깊은 곳에 말씀하시는 것이다. 우리는 하느님 안에 뿌리를 두고 있으며, 그 신적 에너지에 다가가며 하느님과 일치할 수 있다. 그럼으로써 예수님께서 행하신 바를 행할 수 있다. 즉, 봉사와 사랑으로 사람들에게 하느님의 자애와 연민을 드러낼 수 있다.

이 우의적 차원에서 우리는 예수님께서 벗을 위하여 투신하라고 초대하신다는 사실을 깨닫게 된다. 이렇게 투신하는 것은 다양한 수준의 일치로 나타난다. 교부들은 이것을 '일치의 길'이라고 했다. 일치의 길은 하느님의 영원한 현존에 대한 깨달음이다. 하느님의 현존은 내가 느끼거나 생각하는 것, 다른 이들이 하는 것, 심지어 엄청난 비극으로도 손상되지 않는 현존이다. 즉 우리의 원천이다.

예수님께서 그러하셨듯이, 우리도 일상 안에서 하느님의 말씀과 현존을 드러낼 수 있다. 또한 믿음을 통해 매 순간 하느님의 말씀을 들으려 하는 새로운 수준으로 들어가게 된다. 그렇게 할 때 모든 관계들이 변화된다. 나 자신과의 관계, 하느님과의 관계, 다른 이들과의 관계, 그리고 세상과의 관계가 변하는 것이다. 그런 다음, 이런 모든 관계들을 새로운 전망 안으로 통합시키기 위해서 상당한 시간을 들여야 한다.

경청하는 자세로 성경을 읽고, 열린 마음으로 묵상하고, 사랑으로 응답할 때 그 말씀이 내면화되고 동화된다. 더욱이 성경은 선으로 응답하도록 이끈다. 그러므로 기도는 말씀 안에 현존하시는 하느님을 향한 자발적인 응답이다. 이 말씀은 단지 소리로만이 아니라 위격으로도 존재한다. 우리가 하느님 말씀이라고 할 때에는 글로 쓰인 하느님의 말씀과 지상으로 강생하신 하느님의 말씀 둘 다를 의미한다. 이 두 가지 말씀은 가장 깊은 우리 마음의 밑바닥의 문을 두드린다. 나약한 믿음 때문에 줄곧 깨어 있지 못하기 때문이다. 그분께서는 이렇게 인간을 깨우고자 끊임없이 말씀하신다. 반면 우리 중 대부분은 그분의 현존을 거의 체험하지 못했기 때문에, 그분께서 계시지 않는다고 생각하곤 한다. 이것이 잘못된 생각임을 깨닫기 위해서는 믿음이 성장해야 한다. 믿음이 성장하면 이러한 잘못된 생각에서 점차 벗어나게 된다.

영적 여정은 잘못된 생각에서 벗어나도록 한다. 악을 추구하거나 선함을 지나치게 추구하는 것에서 자유로워지도록 하는 것이다. 또한 잘못된 곳에서 행복을 찾으려는 욕망에서 벗어나도록 한다. 이런 것들은 무의식 속에 존재하면서 혼란스러운 정서로 표출된다. 그리고 원하지 않은 일이 일어나거나, 원하는 바가 이루어지지 않을 때마다 되살아난다. 그래서 의식의 차원에서 그리스도를 따르고자 하는 결심으로는 이 정서를 치유하기에 충분하지 못하다. 특히 무의식은 우리를 초기 유년기로 데려가

곤 한다. 온 힘으로 영적 여정을 추구할 때까지는 이 점을 완전히 알아차리지 못한다. 그래서 갈망하는 것이 성취되지 않았을 때 계속 혼란에 빠진다.

많은 이들이 힘과 통제를 발휘해야 행복해진다고 생각한다. 그러면서 통제에서 벗어난 환경이 닥칠 때에도 혼란에 빠지지 않겠다고 갖은 결심을 하곤 한다. 하지만 세상사가 언제나 계획한 대로 되지는 않는다. 그래서 여전히 계획이 좌절될 때 분노, 슬픔, 절망감에 빠지곤 한다. 이처럼 우리는 내가 하고자 하는 바나 하려고 결심했던 바, 선한 결심과 반대되는 정서와 항상 싸우고 있다. 이는 매일매일 삶 속에서 일어나는 문제다. 그러나 그리스도의 말씀이 가장 깊은 마음의 밑바닥에서 울려나올 때에는 어떨까? 이때는 그분과 맺은 관계에서 나오는 에너지가 모든 사고와 활동 안에서 그리스도의 방식으로 일하기 시작한다. 이는 그리스도의 사랑으로 응답하려는 나의 능력을 강화하기 위한 것이다. 그래서 영적 여정을 걷는 우리에게 다음과 같이 가르친다.

1. 내 안에 하느님께서 현존하고 계심과, 나의 존재의 모든 차원에 현존하시고 힘차게 활동하심을 믿는다.

2. 하느님의 현존과 활동 에너지는 온화하면서도 나를 치유하고 변화시킨다는 점을 인정한다.

3. 기도와 활동 안에서 한 걸음씩 점진적으로 펼쳐지는 하느님의 현존하심과 활동하심에 마음을 연다.

우리가 바치는 기도는 믿음, 희망, 사랑(하느님 사랑)을 끊임없이 수련하는 일이다. 이는 하느님 말씀을 단지 귀와 머리로 받아들이는 것이 아니다. 존재의 가장 깊은 차원에서 들을 때, 그렇게 침묵하는 마음속에서 일어난다. 하느님께서는 침묵을 통해 가장 잘 말씀하신다. 이는 기도하는 동안 원하지 않는 생각을 하지 말라는 의미가 아니다. 거듭해서 그분을 온전히 따르고 믿음에 동의하는 근본적인 자세로 되돌아가야 한다는 뜻이다. 그러기 위해서는 하느님의 현존하심에 "예!"라고 동의하고, 매 순간 다시 그분의 현존에 일치하려고 노력해야 한다. 그럴 때에야 그리스도의 인성 안에 신성이 현존하는 것처럼, 내 안에도 하느님께서 현존하시게 된다.

"오소서, 주 예수님." 하고 말할 때, 그리스도께서 이미 여기에 와 계신다는 것을 기억해야 한다. 그분의 오심을 기억할 때, 나의 의식 안에 점점 더 현존하게 된다. 하느님께서는 변하지 않으신다. 변하는 것은 우리다. 이 과정은 하느님의 현존하심과 그 현존을 온전히 따르고, 그분의 현존 안으로 변화되어 가는 것에 동의하는 것이다. 내 안에서 하느님의 말씀을 듣는 방법을 배우게 되면, 성령의 일곱 가지 은사에 더 민감해진다. 그러면 기도하는 동안 그리고 일상 안에서 성령의 은사가 적절히 드러나는 신적 에너지를 받아들이게 된다.

예수님께서는 성체로 우리에게 오시어 언제나 함께 계시고, 어떻게 하느님의 방식대로 살아 갈 수 있는가를 배울 수 있도록 하신다.

성령의 열매

살아 계신 그리스도를
만나도록 하는
아홉 가지 열매

    성령의 열매는 다양한 수준과 형태로 우리 안에 활동하시는 하느님 현존의 표시다. 성령께서는 열매를 통해서 삶 속에서 실체가 되신다. 매일의 삶 속에서 그 열매들이 드러남으로써 우리는 가장 심오한 방식으로 그리스도 부활의 증인이 된다. 이는 설교를 아주 많이 하거나, 무언가를 가르치는 게 아니다. 바로 성령 안에 나의 뿌리를 두는 것이다. 또한 내 주위에 있는 사람들, 가족, 친구, 함께 일하는 사람들에게 그리스도의 삶을 전하는 일이다. 만일 우리가 성령 안에 뿌리를 둔다면 이런 열매들은 반드시 드러난다.

나는 종종 관상 기도로서 점차적으로 생기는 정화의 상징으로 나선형 계단을 예로 든다. 이 정화 과정에서 내가 제시하려고 하는 것은 언제나 나약함을 인정하고 모든 것을 하느님께 의탁해야 새로운 차원으로 옮겨 가게 된다는 점이다. 이것은 우리가 체험하는 일종의 내적 부활이다. 예를 들어 알코올 중독자가 술을 끊는 과정에 이를 적용해 본다고 치자. 그러면 삶을 내 마음대로 다룬다는 게 얼마나 힘든지를 더 잘 알게 되고, 덕을 수련하며 예수님과 가까워지려 노력하는 일이 얼마나 힘에 겨운 일인지를 깨닫게 된다. 그럴수록 성령께서 내 삶을 이끌어 가 주시도록 그분께 나를 내어 드리고, 매일의 삶 속에서 동반자가 되어 달라고 청하는 모험을 하게 된다.

기질 유형 검사, 예를 들면 에니어그램이나 여러 자아 발견 프로그램을 통하여 자기 자신을 발견하는 것은 유익하다. 나 자신에 관하여 알 필요가 있다는 것은 여전히 중요하다. 그리고 이는 자기 자신의 힘으로는 어떤 영적 작업도 할 수 없음을 깨닫게 해 준다. 우리는 온전히 성령께 의탁해야 한다.

성령께서는 언제나 내 존재의 가장 깊은 곳에 계신다. 성령께서는 우리 활동의 모든 차원에서 그 원천이 되시고자 자기중심적인 계획에서 나오도록 부르신다. 성령께 믿음으로 의탁하며, 나 스스로 나약하고 덕이 부족하다는 사실을 새롭게 받아들일 때마다 내적 부활이 따른다. 이것은 성령의 열매를 체험함으로써 드러나는데, 이런 열매들은 그리스도 안에서 변화되어 간다는 첫 번째 표시다. 우리가 나선형 계단으로 내 존재의 깊이에까지 그리고 무無의 중심에까지 내려갈 때, 성령의 일곱 가지 은사는 더 풍부한 열매가 되어 스스로를 드러낸다.

향심 기도는 우리 안에 계시는 성령께 점점 더 민감해지도록 한다. 우리는 세례 때 도유되어 그 은덕으로 성령을 받았다. 그러나 불행하게도 성령께 도움을 청하지 않을 때에는 성령이 계시지 않는다고 생각하게 된다. 성령의 능력은 견진성사로 강화되며, 이때 성령의 일곱 가지 은사를 견고하게 받는다. 우리의 무의식은 생애의 모든 정서적인 상처(또는 억압해 온 것들)뿐 아니라 에너지와 창조성의 거대한 차원도 남고 있다. 나의 인생 역사의 모든 주요한 사건들은 신체와 신경 조직 안에 기록되어 있다. 하지만 살아오는 동안 소화되지 않은 정서적인 것들은 떠나보내야 한다. 그렇게 해야 무의식에서 드러나는 은총과 본유적이고 영적인 에너지가 자유롭게 흐를 수 있다. 이러한 에너지들은 사랑, 기쁨, 평화, 친절, 인내, 믿음, 온유, 그리고 절제라는 특성으로 드러난다.

성령의 열매들은 그리스도 마음의 아홉 가지 측면이다. 바오로 사도는 이 열매들을 갈라티아 신자들에게 보낸 서간에서 언급한다. 이 열매들은 세례와 견진성사의 은총으로 활성화되고 성장한다. 갈라티아 신자들에게 보낸 서간 5장 19절에서 21절에 언급된 이 열매들은 불륜, 더러움, 방탕, 적개심, 분쟁, 시기, 분열, 분파, 질투와 같은 거짓 자아에 달리는 열매와는 정반대다. 성령의 열매는 믿음, 희망, 사랑이라는 향주덕과 함께 성장한다. 참행복은 성령의 열매가 무르익어 변화된 것이다.

성령의 첫 번째 열매는 **사랑**이다. 사랑은 그리스어로 아가페Agape다. 이는 이기적인 사랑과 반대되는 이타적인 사랑을 의미한다. 대부분의 사람들은 사랑이란 누군가를 갈망하는 것이라고 알고 있다. 그러나 이런 사랑은 그리스어로 에로스Eros라고 한다. 이런 사랑은 매우 힘이 있고 필요한 것이기는 하지만, 성경에서 말하듯이 자신을 내어 주는 사랑으로 성장해 나가야 의미가 있다. 한편 자신을 내어 주는 사랑은 자선과는 다르다. 이것은 하느님의 무조건적인 사랑에 참여하는 것이기 때문이다.

하느님의 무조건적인 사랑에 참여하게 되면 우리는 과거의 습관적인 태도에서 벗어나게 된다. 그리고 한순간도 같이 있고 싶지 않은 사람도 사랑하게 되었다고 말하게 된다. 하느님의 현존하심을 전적으로 믿게 되면 다른 이가 지닌 성격상의 결함이나 성품의 부족함도 너그럽게 보아 넘기게 된다. 또한 그런 사람을 내 안에 받아들이기 시작하게 되어 아마도 언젠가는 환영할 수 있게 될 것이다. 이러한 사랑이 성장할수록 하느님을 온전히 따르게 되며, 다른 이들을 연민하는 마음으로 사랑하게 된다. 사랑에 생명력을 주는 원천이 바로 그리스도의 사랑이 지닌 특성이다. 이러한 사랑을 하게 되면 그 보상으로 끊임없는 애정과 사랑으로 하느님의 현존하심을 알아차리게 된다.

　예수님의 두 번째 계명은 '네 이웃을 너 자신처럼 사랑해야 한다.'는 것이다. 이 사랑은 모든 사람들 안에 하느님께서 현존하심을 믿음으로 받아들이고 인정하는 데에 근거한다. 만약 내가 집이나 일터에 대하기 힘든 누군가가 있다면, 가능한 한 그 사람에게서 멀리 떨어져 있으려고 할 것이다. 그러나 오히려 그러한 이들을 나에게 끌어당길 수 있다. 이렇게 할 수 있는 첫 번째 비결은 하느님께서 그 사람 안에 계신다는 사실을 인정하고 믿는 것이다. 다른 이들을 받아들이려는 노력은 진리 위에 기초한다. 이를 당장 눈으로 보거나 느낌으로 알 수는 없지만, 오직 믿을 뿐이다. 성령의 역사하심을 받아들이면 성령의 생명이 내 안에서 자라난다.

　예수님께서는 "내가 너희를 사랑한 것처럼 너희도 서로 사랑하여라."(요한 13,34)는 새 계명을 주셨다. 이 사랑의 길은 훨씬 더 많은 것을 요구한다. 이 길은 단순히 추상적인 믿음의 움직임이 아니다. 그것은 각자의 개성, 확고부동한 자기 의견, 한계 상황으로 몰고 가는 것들, 육체적이거나 심리적으로 생기는 혐오감 등을 서로 받아들이는 것이다. 그리스도께서는 한계, 과오, 죄, 장애를 지닌 인간을 있는 그대로 받아 주셨다. 그래서 우리도 다른 이들을 있는 그대로 받아들여야 한다. 하느님의 무조건적인 사랑이 성령으로 내 마음 안에 흘러넘치면 어떤 일이 일어나더라도 끊임없이 사랑을 드러낼 수 있다. 심지어 반대나 박해를 당하더라도 말이다.

이런 사랑은 바로 관상 기도의 침묵이라는 못자리에서 들어온다. 하지만 현대 사회는 이런 흐름과 반대로 가고 있다. 살다 보면 나와 비슷한 거짓 자아를 지닌 사람들이 던지는 문제와 끊임없이 마주치게 된다. 그들은 자신들의 문화 안에서 상징을 찾거나, 환경 안에서 안전과 생존, 힘과 통제, 애정과 존중을 찾는다. 이들은 인종, 가족, 종교, 민족과 자신을 과잉 동일시하곤 한다. 그들이 보이는 태도는 제한되고 한정적이다. 그럼에도 불구하고 성령의 활동은 그들을 자유로 이끈다.

성령의 두 번째 열매는 **기쁨**이다. 기쁨은 하느님과 관계를 맺고 있다는 체험에 근거를 둔 영원한 행복감이다.

이것은 내가 자아에서 해방되었다는 표시이자, 참자아가 성장하고 있다는 자각이다. 우리는 기쁨에 넘쳐 자유롭게 현재의 순간을 받아들이게 되고, 현재를 변화시키려고 노력하지 않고도 이에 만족하게 된다. 또한 지복직관은 충만한 기쁨으로 묘사될 수 있다. 그것은 영원히 하느님으로부터 사랑받는 존재라는 의식이며, 그분의 영원한 현존 안에 머물고 있다는 의식이다. 이것은 우리 존재의 가장 깊은 곳에 계신 신적 원천으로부터 흘러나오는 생명수를 체험하는 것이다. 예수님께서는 요한 복음서에서 다음과 같이 말씀하신다. "목마른 사람은 다 나에게 와서 마셔라. 나를 믿는 사람은 성경 말씀대로 '그 속에서부터 생수의 강들이 흘러나올 것이다.'"(요한 7,37-38) 요한 복음사가는 덧붙여서 "이는 당신을 믿는 이들이 받게 될 성령을 가리켜 하신 말씀이었다."(요한 7,39)라고 전한다.

성령의 세 번째 열매는 **평화**다. 평화는 하느님 안에 뿌리를 내릴 때 스며드는 만족감이다. 동시에 나 자신이 아무것도 아니라는 완전한 자각이다. 이것은 인생의 굴곡과 기쁨, 그리고 슬픔의 정서를 넘어선 상태다. 모든 것이 온

전하고 올바르게 보이지 않을지라도, 가장 깊은 수준에 도달하여 바라보게 되면 온전하고 올바르다. 이를 깨달으면 언제나 예수님처럼 기도할 수 있다. "아버지, '제 영을 아버지 손에 맡깁니다.'"(루카 23,46)

성령의 네 번째 열매는 **친절**이다. 친절은 적개심이나 증오, 분노에서 자유로워지는 것이다. 물론 분노는 우리 건강과 성장을 위해서 필요하다. 그러나 분노는 선을 향하여 거기에 가닿으려는 능력, 특히 영적 여정을 통해 그리스도를 모방하여 이루 다 헤아릴 수 없는 선에 가닿으려는 능력을 성장시키는 것으로 변화되어야 한다. 친절의 성장은 나를 열어 하느님 현존하심을 지속적으로 알아차리게 한다. 또 한계를 지닌 다른 이들을 받아들일 수 있게 한다. 흔히 우리는 다른 이들이 저지르는 잘못을 용납하지 않으려 한다. 그러나 그들을 있는 그대로 받아들이고 기회가 될 때마다 도와주어야 하며, 또 내 멋대로 변화시키려 하지 말아야 한다. 심지어 자기 자신조차도 변화시킬 수 없다는 것을 받아들여야 한다. 이러한 노력은 진보를 위해 계속되어야 한다. 하느님께 의탁하면 할수록 크게 노력하지 않아도 이를 이룰 수 있게 될 것이다.

성령의 다섯 번째 열매는 **충실**이다. 충실은 친절의 역동적인 표현이다. 이것은 하느님께 나 자신과 내가 한 모든 일을 매일 봉헌하는 것이다. 이러한 봉헌은 다른 이를 위한 연민으로 드러나며, 특히 그들이 구체적으로 필요로 하는 일에 봉사함을 통해 드러난다. 이러한 봉사는 하느님께서나 다른 이들이 나를 위해서 무엇을 해 줄 것인가에 연연하지 않고, 어떤 보상도 받지 않고 끈기 있게 주고자 노력하는 것이다. 이렇게 할 때 내게 정말로 필요한 보상을 받으리라는 것을 확실하게 말할 수 있게 된다. 그리고 충실로서 다른 이들에게 인정을 받고자 하는 욕구는 점차 줄어들게 되고, 스스로 하느님의 사랑을 받는 존재라는 확신이 자라난다.

성령의 여섯 번째 열매는 **온유함**이다. 온유함은 하느님의 방식으로 진행되는 일에 참여하는 것이다. 그분께서는 온유하고도 확고하게, 그리고 힘들이지 않고 엄청난 다양성 속에서도 모든 창조물을 지탱하며 일을 행하신다. 이렇게 할 때 우리는 그 어느 때보다 수고하며 하느님께 봉사하게 된다. 그리고 한 발 뒤로 물러나서 나와 다른 이들 안에서 뜻을 이루시는 하느님을 알아차리게 된다.

하느님을 섬기려 할 때, 간혹 지나치게 열정적으로 노력하거나 고뇌에 차서 추구하곤 한다. 그러나 우리도 하느님처럼 일한 후에 쉬어야 한다. 온유함이 열매 맺게 되면 하느님께서 그 결실을 거두어 주셔야 한다. 그래야 나의 수고가 헛되지 않다는 걸 깨닫고, 허영이나 질투, 다툼이 점차 사라진다. 이러한 것들은 심지어 영적 노력에도 동반된다. 그로써 오직 나 자신으로서 존재하는 무한한 자유와, 주위 사람들이 필요로 하는 일에 봉사하려는 자유로움만 남게 된다.

성령의 일곱 번째 열매는 **선행**이다. 선행은 온 우주와 모든 창조물과 하나 된 의식을 갖게 되어, 언제나 창조물의 선성善性을 확인할 수 있게 되는 것이다. 이렇게 되면 어떤 사건 속에서도, 심지어 삶에서 일어나는 참담한 속에서도 하느님의 사랑이 나타나는 것을 감지하게 된다. 선행은 인간의 이기심이 낳은 상처에도 불구하고 모든 창조물의 아름다움을 인정하게 해 준다. 그렇게 될 때 하느님께 감사하는 마음이 흘러넘치고, 다른 이들과의 관계와 일상의 피로와 눈물들을 긍정적인 자세로 받아들이게 된다.

성령의 여덟 번째 열매는 **인내**다. 인내는 하느님께서 약속에 변함없이 충실하신 분이라는 것에 대한 확신이다. 또한 인내 안에서 더 이상 내가 소유하고 이루어 놓은 무언가에 대한 안전의 근거를 두지 않고, 항상 나를 보호하시고 용서할 준비가 되어 계신 하느님께 그 근거를 둔다. 그러므로 인간사의 흥망성쇠에 방해받지 않고, 이에 대해 감정적으로 반응하지 않게 된다. 느낌은 계속되고, 때로는 그 어느 때보다 더 강해지나 더 이상 의식과 활동을 지배하지 못하게 된다. 이렇게 되면 모든 상황 속에서, 특히 오래 지속되는 메마름과 어두운 밤을 하느님 구원을 기다리는 믿음으로 기꺼이 받아들이게 된다. 복음서의 다음 말씀을 마음에 새기면서 말이다. "청하여라, 너희에게 주실 것이다. 찾아라, 너희가 얻을 것이다. 문을 두드려라, 너희에게 열릴 것이다."(마태 7,7)

성령의 아홉 번째 열매는 **절제**다. 흔히 절제라고 하면 의지로 감정을 지배하는 것을 떠올린다. 하지만 성령의 열매인 절제는 오히려 하느님의 영원한 현존에 대한 의식이자, 그분의 확고한 사랑이 주입된 결과다. 그러므로 안전, 애정과 존중, 힘과 통제를 얻으려고 손을 뻗치는 과거의 강압은 끝을 맺게 된다. 특히 진정한 사랑과 위탁을 배제한 채 성적性的 활동을 하고자 하는 마음이 사라진다.

모세가 하느님께 누구이신지를 여쭈었을 때, 들려온 대답은 "나는 있는 나다."(탈출 3,14)였다. 이 구절은 여전히 학자들의 연구 과제다. 이 말이 의미하는 바는 '나는 너를 위한 존재다.'라는 것이다. 하느님의 확고부동한 사랑에 대한 내적 확신은 나의 선택과 활동의 자유를 강화시킨다. 절제는 내적인 자유에서 자발적으로 우러나온다. 우리는 나 자신이 나약한 인간임에도 불구하고, 하느님께서 온갖 시련과 유혹으로서 굳세게 하신다는 것을 알고 있다. "아버지께서 나를 사랑하신 것처럼 나도 너희를 사랑하였다."(요한 15,9)

성령의 열매들은 복음의 새 포도주다. 이 포도주는 우

리를 하느님의 힘과 확신에 찬 자발성으로 채워 준다. 이렇게 되면 하느님과 나의 관계는 나 스스로 자유로워진 정도에 따라 조정되어야 할 필요가 있다. 바오로 사도가 말한 것처럼, 이는 방종이 아니라 성령의 이끄심에 대한 민감성이 지속적으로 증대된 것이니 말이다. 토마스 머튼의 말에 따르면 하느님의 행하심에 대한 보증은 자비에, 자비 안에, 그리고 자비 안에 있다.

성령의 열매들은 그리스도께서 내 안에 살아 계시다는 것을 입증하고, 스스로를 완전히 변화하도록 하여 이 세상에서 그리스도의 끊임없는 현존의 증인이 되도록 한다. 이러한 예수님의 성향을 완전히 드러내는 것이 그분께서 부활하셨다는 살아 있는 증거다.

성령의 은사

내 안에서 자라는
하느님 사랑

바오로 사도는 "누구든지 그리스도 안에 있으면 그는 새로운 피조물입니다."(2코린 5,17)라고 했다. 이 말씀은 우리가 거짓 자아 구조에서 벗어나서 참자아에 대한 자각으로 새 사람이 되는 일을 뜻한다. 이것이 바로 바오로 사도가 말하는 새 창조다. 떠나보낸 낡은 인간은 거짓 자아의 세계다.

인간의 의식과 무의식을 정화하기 위하여 성령께서 사용하는 도구를 '성령의 일곱 가지 은사'라고 한다. 이 성령의 은사는 다음과 같은 은사들(예언, 치유, 신령한 언어, 신령한 언어의 해석, 영의 식별, 지혜와 지식을 말함, 기적을 행함)과

구별된다(1코린 12,4-11 참조). 이 특별한 은사들은 그리스도교 공동체에 용기를 북돋워 준다. 그러나 이런 은사를 받은 이가 자기 스스로 변화되지는 못한다. 반면에 성령의 일곱 가지 은사는 성령의 활동이며 움직임이다. 이런 성령의 은사는 향주덕인 믿음, 희망, 사랑의 성장으로서 하느님의 방식대로 우리를 정화시키고 일으킨다. 이것이 그리스도인들이 추구하는 것 안에서 일어나는 변화의 덕이다. 이사야서 11장 2절에서는 이런 은사를 지혜와 슬기, 경륜과 용기, 지식과 경외라고 한다. 70인역과 불가타 성경에서는 여기에다 믿음을 첨가하였다.

성령께서는 이 은사로서 특별히 향심 기도의 수련과 그 효과를 일상 안으로 가져오도록 하는 후속 프로그램으로 우리를 인도하신다. 우리 안에 현존하시는 성령께서는 우리가 언제나 그 영감에 민감하게 귀를 기울이도록 초대하신다. 그리하여 성령께서 점점 더 나의 삶을 차지하게 되고, 거짓 자아의 지배에서 벗어나 참자아와 하느님 아버지의 무한한 선하심과 자비하심을 드러내도록 변화시킨다.

성령의 일곱 가지 은사는 내 안에서 사랑의 향주덕이 자라나는 것과 직접적으로 연결된다. 이는 하느님을 사랑하는 일만이 아니라 다른 이들과 관계를 맺는 방식을 통해서도 이루어지고, 사랑이 확고히 자라남에 따라 모든 은사들은 점점 더 뚜렷이 드러난다. 이 은사들은 마치 어린아이의 손가락처럼 손을 뻗는다거나 코를 만지는 것을 제외하고는 무언가를 더 할 수 없다. 그러나 성장하게 되면 이 손가락은 라흐마니노프의 피아노곡을 연주한다거나 훌륭한 예술 작품을 창조하는 엄청난 재능을 발휘할 수 있다. 이는 아름다움, 선함 그리고 진리의 놀라운 도구가 된다. 그래서 성령께서는 일곱 가지 은사와 함께 있다. 일곱 가지 은사는 세례를 받는 순간이나, 세례를 받고자 하는 순간에 우리의 가장 깊은 곳으로 흘러들어 온다. 그래서 하느님을 진실하게 찾는 모든 이들은 성령을 모시고 있다고 간주할 수 있다. 그 은사의 활동성은 견진성사 안에서 엄청나게 강해진다. 성체를 받아 모시는 순간은 세례와 견진성사의 모든 은사를 재확인하는 순간이며, 성령의 신물을 다 받게 된다.

성령의 일곱 가지 은사는 습관적인 특성을 지닌다. 습관적인 특성은 행동하는 방식으로써 지속적이고 편안하며 즐거운 것이다. 성령께서 넣어 주신 이 습성은 우리가 하느님을 어느 정도 즐기게 하고, 그분처럼 모든 존재를 즐길 수 있도록 한다. 성령의 은사가 무르익어 열린 열매들이 참행복이다. 참행복의 문자적인 의미는 "오, 얼마나 복된가."이며, 혹은 "축하합니다!"로 번역되기도 한다.

향심 기도로서 하느님께서 현존하시고 활동하시도록 자신을 열어 드릴 때 실제로 무슨 일이 일어나게 될까? 바로 하느님의 현존하심에 마음을 열고, 그분께서 활동하시도록 동의하게 된다. 하느님의 활동은 이 세상 안에서, 내 안에서 특별하게 구현되는 성령의 역사다.

예수님께서는 다음 구절에서 성령은 아버지께서 주시는 선물이라고 말씀하신다. "너희 가운데 아들이 빵을 청하는데 돌을 줄 사람이 어디 있겠느냐?"(마태 7,9) 2천 년 전 팔레스티나에서는 빵을 오늘날 피자처럼 납작한 돌같이 만들었다. 또 이렇게 말씀하신다. "생선을 청하는데 뱀을 줄 사람이 어디 있겠느냐?"(마태 7,10) 갈릴래아 바다

주변의 어떤 물고기들은 뱀장어같이 생겨서 뱀처럼 보인다. 예수님께서는 계속해서 말씀하신다. "너희가 악해도 자녀들에게는 좋은 것을 줄 줄 알거든, 하늘에 계신 아버지께서야 당신께 청하는 이들에게 성령을 얼마나 더 잘 주시겠느냐?"(루카 11,13)

간청하는 데에는 두 가지 방식이 있다. 하나는 "이것을 주십시오."라고 말로 하는 것이고, 또 다른 하나는 내가 가장 필요하고 갈망하는 무언가를 구하기 위해 필사적으로 전 존재를 매달리는 것이다. 후자가 기도할 때 취해야 할 기본자세다. 우리는 하느님의 뜻과 활동에 동의함으로써 성령이라는 최상의 은혜를 구하고자 간청한다.

복음서에는 향심 기도에 대해 특별한 방식으로 언급하는 또 다른 구절이 있다. 바로 예수님께서 산상 설교를 하실 때 제자들에게 하신 말씀이다. "너는 기도할 때 골방에 들어가 문을 닫은 다음, 숨어 계신 네 아버지께 기도하여라. 그러면 숨은 일도 보시는 네 아버지께서 너에게 갚아 주실 것이다."(마태 6,6) 그 당시에는 극소수의 사람만이 자기 방을 가지고 있었고, 그런 이들만이 자신만의 방에서 혼자 있을 수 있었다. 보통 사람들은 단칸방에서 모든 가족이 살았다. 그러므로 이 구절에는 비유적인 의미가 들어 있음을 추정할 수 있다. 골방으로 들어가라는 것은, 존재의 가장 깊은 곳으로 들어가도록 초대하여 그곳에서 은밀하게 기도하라는 의미다. 그러면 누구로부터, 무엇으로부터 은밀하게일까? 바로 외적인 것으로부터, 우리의 사고로부터, 나 자신으로부터 은밀하게 하라는 뜻이다. 안토니오 성인은 "완전한 기도란 내가 기도하고 있다는 사실조차 알지 못할 때 이루어진다."라고 말했다. 이것이야말로 가장 비밀스런 기도라고 할 수 있다. 이 비밀스런 기도는 골방에 숨어 계신 하느님의 현존 안으로 우리를 데려간다.

사막의 교부이며 4세기 관상 운동을 일으킨 이사악 아빠스는 이 성경 구절에 중요한 주석을 했으며, 요한 카시아노 성인은 이것을 《담화집》 제9권에서 인용했다. 카시아노는 서방 교회의 수도자로서 4세기에 이집트 수도원들을 방문하여 후에 그들의 영적 지혜를 서방에 전했다. 그런 지혜의 상당 부분은 《성 베네딕도 수도 규칙서》 안으로 들어갔고, 오늘날까지 베네딕도 수도원과 시토 수도원에서, 또 향심 기도를 수련하는 모든 이들 안에서 이어지고 있다. 다음이 이사악 아빠스의 주석이다.

"우리는 특별히 골방에 들어가 문을 닫아야 아버지께 기도할 수 있다는 복음서의 가르침을 신중하게 따라야 한다. 이것이 우리가 기도하는 방법이다. 골방에서 기도할 때 마음에서 사고와 근심 걱정의 소란과 소음을 완전히 몰아내야 한다. 그럴 때 고요하고 친밀하게 주님께 우리의 기도를 올릴 수 있다."

이 조언에 따르면, 향심 기도에서 '나의 모든 생각을 떠나보낸다.'는 의미는 골방으로 들어가는 것을 말한다. 일상적인 정신 활동(느낌, 영상, 기억, 성찰, 외부에서 오는 감각적 인식, 예를 들어 방 안의 사람과 소음 혹은 내게서 나타나는 신체적인 지각들)의 문을 닫으라는 말이다. 이처럼 일상적인 심리적 인식이 지닌 모든 기능의 문을 닫기만 하면 된다. 실제로 어떤 역본에는, 예수님께서 "문에 빗장을 걸다."라고 말씀하셨다고 전한다. 이것은 인간 존재의 근원에 은밀하게 현존하시는 하느님과 인간 존재의 영적 차원에

나 자신을 열기 위함이다. 또한 내 안의 일상적인 심리적 인식을 떠나보내야 한다고 전적으로 강조하는 것이다.

이사악 아빠스는 덧붙여 설명한다. "문을 닫고 기도할 때야말로, 완전한 침묵 속에서 우리 말에 주의를 두지 않고 나의 마음속을 들여다보시는 하느님께 청원을 올리는 것이다." 달리 말해서, 하느님께서는 내가 관심을 두고 있는 것보다 무엇을 지향하고 있는지를 더 보신다는 뜻이다. 향심 기도에서 바치는 기본적인 지향은 이것이다. "성령으로 저를 채우소서. 당신의 약속대로 최고의 은총으로 채우소서. 저는 어떻게 구해야 할 바를 모르나이다. 그래서 단지 여기서 기다리면서 당신께서 제 안에서 기도하기를 청하나이다. 당신께서 주시고자 하는 최고의 선물, 당신의 성령을 청하나이다."

이사악 아빠스는 다음과 같이 결론을 맺는다. "우리가 골방에서 기도할 때, 오롯한 마음과(상상, 기억, 이성, 감성으로가 아니라) 침묵하는 영으로(하느님의 현존하심에 대하여 의도적으로 주의를 기울임으로써) 하느님께 말씀드리고, 나의 소망을 오직 그분께 드러낸다. 이렇게 함으로써 악의 세력들은 우리의 본성을 넘보지 못한다."

성령께 우리를 연다는 것은 어미 새가 물어온 먹이를 받아먹으려고 입을 벌리는 아기 새에 비유할 수 있다. 실제로 아기 새의 절반은 입을 활짝 벌린다. 초대 수도 생활의 대수도원장들은 다음과 같이 믿었다.

"만약 당신이 생각과 영상을 즐긴다면 악마는 내가 무슨 생각을 하고 있는지 말할 수 있으며, 옳은 것처럼 보이는 유혹을 교묘하게 불어넣는다. 그래서 본래 지녔던 순수한 지향을 빼앗아 갈 것이다. 우리는 이것을 '무의식을 덜어 냄'이라고 하는 빛 안에서도 볼 수 있다."

관상 기도로 깊은 휴식을 하게 되면 무의식에서 떠오르는 생각들을 유혹이라고 쉽게 해석할 수도 있다. 무의식에서 떠오르는 생각들이 지닌 강력하고 혼란스러운 특성 때문이다. 초기 유년기 때 경험했던 억압된 기억과 정서를 느낄 때면, 때때로 유혹을 받는 것처럼 느끼게 된다. 하지만 이는 성령께서 단순히 이런 원시적 감정을 받아들이고 떠나보내도록 초대하는 것이다. 이런 것들이 의식 속으로 떠오르면 그 느낌의 부정적인 에너지가 이완

된다. 그러므로 이제 은총의 자유로운 흐름과 무의식의 긍정적인 에너지를 향해 좀 더 자신을 열게 된다. 신체라는 저장고에 억압되어 있는 것들과 초기 유년기부터 쌓인 정서적인 쓰레기들을 비워낼 때까지, 성령께 응답하는 능력은 제한된다. 관상 기도의 과정에서 이런 배출이 일어날 때, 신체는 스스로 더 창조적이 되고 우리 안에 성령의 일곱 가지 은사가 흐르게 된다.

향심 기도의 체험과 성령의 관상적 은사, 즉 지식, 깨달음, 지혜를 연관시켜 보기로 하자. 향심 기도를 정기적으로 수련하는 이들은 때로 자신의 마음 안에서 동시에 두 길을 가고 있다는 것을 알아차리게 된다. 일상적인 사고의 흐름이 의식의 표면을 지나가고 나면, 거기에서 오는 부산하고 복잡한 것들이 다소 감소되기는 한다. 하지만 내가 침묵하고자 할 때 이것들과 맞서게 된다. 내적 침묵은 처음에는 특히 상대적이다. 왜냐하면 우리 곁을 지나가는 다양한 생각과 지각을 알아차리면, 하느님께서 내 안에서 현존하시고 활동하시도록 동의하는 표시로서 거룩한 상징(예를 들면 거룩한 단어)을 불러들이게 된다. 정서적으로 채워진 생각들은 우리를 끌어당기거나 물리치는데, 이는 무의식 안에서 욕구와 반감으로 솟아오를 뿐 아니라 현실에 반응하는 습관적인 방식 안에서도 일어난다.

인간 본성의 세 가지 기본적이고 본능적인 욕구는 안전과 생존, 힘과 통제, 애정과 존중이다. 이러한 본능적인 욕구 중 어느 하나에 호소하는 생각이나 지각을 갖게 되면 우리가 처음에 행한 내 안에 계시는 하느님의 현존하심과 활동하심에 관해 동의하지 못한다. 이것은 마치 골방의 문을 열어놓고 나오려고 하는 것과 같다. 초기 유년기에 본능적인 욕구 중에서 어느 것 하나라도 억압되었으면, 그것들을 다시 무의식 속으로 집어넣으려 하거나, 생존을 위한 보상 수단을 발전시키거나, 좌절의 고통을 경감시키기 위한 보상 수단을 발전시킨다. 내가 만약 안전을 상징하는 것에 굉장히 관심이 있어서 좋은 차, 집, 보험처럼 이를 상징하는 생각과 영상들이 떠오르면 즉각적으로 이런 것에 흥미를 느껴 반응하게 된다.

그런데 만약 이에 이끌려 가면 하느님의 현존하심을

믿는 본래의 지향을 거부하는 셈이다. 기도 시간이 끝나지 않았기 때문에, 문을 닫고(이때에는 빗장을 잠그고 다시 그 과정을 시작해야 한다) 본래의 지향을 표현하기 위해 선택한 거룩한 상징을 부드럽게 다시 떠올려야 한다.

어떤 생각에 흥미를 느껴 무언가에 빠져 있다는 것을 알아차리면, 즉시 그러나 부드럽게 거룩한 상징으로 되돌아가야 한다. 이때 결코 자기 역습에 굴복해서는 안 된다. 단순하게 그리고 내가 한 생각에 주의를 절대 기울이지 말며, 하느님의 현존 안에 있겠다는 지향과 그분의 뜻에 전적으로 마음을 열겠다는 지향을 갖고 즉시 골방으로 되돌아가야 한다.

원치 않는 생각을 친근하게 대하는 태도는 상상과 기억 안으로 들어가려는 끊임없는 유혹을 견뎌 내는 데 도움이 된다. 우리는 제멋대로 생각하는 습관과 자아 성찰로 전 생애를 보내고 있다. 그래서 하느님과 새로운 관계를 맺는 데 익숙해졌다고 말하는 데 적어도 몇 달은 걸린다. 이것은 이성을 통해서가 아니라, 이사악 아빠스의 말처럼 존재의 가장 깊은 곳을 상징하는 나의 마음을 하느님께 드리는 것에서 이루어진다.

향심 기도를 통해 하느님께 드리는 것은 나의 마음이다. 즉 하느님을 사랑하기 위하여 성령을 간청하며, 동시에 스스로의 나약함과 통속적인 감정을 견뎌 내는 것이다. 거룩한 상징으로 다시 되돌아 갈 때마다, 영적 깨달음의 수준이 진전됨을 깨닫게 된다. 이런 관점에서 매 순간 생각을 떠나보내고 하느님을 향한 사랑이 새로워지는 내적 침묵 속으로 들어가야 한다. 이때 나의 사고방식으로 기도를 판단하지 말아야 한다. 그럼에도 많은 의문이 생기는데, 이럴 때에도 내 방식대로 즉시 판단하지 말고, 거룩한 상징으로 아주 부드럽게 돌아가야 한다. 이렇게 할 때 한번 향심 기도를 하는 동안에도 하느님을 사랑하는 행위를 수백 번이나 하는 것이다! 성령의 은사는 사랑의 깊이와 진실성에 비례해서 성장한다.

우리가 하는 수련이 잘못되는 경우는 다음 두 가지뿐이다. 하나는 어떤 흥미 있는 생각, 지각, 느낌에 고의로 빠지거나, 다른 하나는 자리에서 일어나서 나가는 것이다. 후자는 이러한 수련에 결코 뿌리를 내리지 못하는 이들의 반응이다. 일단 수련에 뿌리를 내리게 되면 수련을 하지 않을 수 없을 것이다. 이것은 명백히 우리 안에 지식의 은사가 활동하고 있다는 표시다. 그때는 더 이상 기도하기 위해서 시간을 낼 필요가 없다. 기도가 우리와 함께 있다고 말할 수 있으니 말이다. 하루에 두 번 향심 기도를 하면 제2의 본성을 갖게 된다. 이는 성령의 직접적인 역사다.

기도하는 동안 지식의 은사가 더 활동하고 있다는 확실한 표시로 생각들을 따라가게 되고, 심지어 더 자주 그 생각들을 따라간다. 이는 이제 세 번째 단계로 들어선다는 의미다. 이 과정은 어떤 생각도 원하지 않는다는 우리의 자각, 좀 더 정확하게 말해서 내가 단순히 그것을 원하지 않는다고 자각하는 그 자체로 처음 두 경우와 구별된다. 다른 말로 의식의 표면을 지나가는 생각과 지각을 따라가는 것으로부터 초연해져서 내적으로 깊이 자리 잡는 상태이다.

이러한 자각이 자리를 잡으면, 더 이상 나의 지향을 재확인하는 거룩한 상징이 필요 없게 된다. 왜냐하면 이사악 아빠스가 말했듯이, 성령께서 내 안에 은밀하게 들어오셨기 때문이다. 이렇게 되면 단순히 하느님을 원하게 되고, 아무것도 원하지 않게 된다. 그리고 떠오르는 어떤 생각과 지각에도 마음이 내키지 않음을 민감하게 알아차리게 된다. 여기서 '마음이 내키지 않는'이라고 말한 것에 주목하자. 이는 어떤 생각에 저항하는 게 아니라(이런 것은 내가 선택하는 것이다), 모든 생각들을 무시하거나 마음을 쓰지 않을 자유를 말한다. 이것은 나약함을 굳세게 하는 지식의 은사가 주는 열매다.

이 특별한 기도 시간 동안 하느님과 함께한다는 엄청난 가치가 얼마나 소중한지 깨닫게 된다. 그렇게 되면 어떤 생각을 따라가려는 성향이 전혀 나타나지 않거나, 혹 생각을 따라갔다 해도 곧 떠나보내게 된다. 지식의 은사로서 오신 성령께서는 내가 알아차리지 못하게 영적 의지를 부드럽게 끌어당기신다. 우리는 아주 섬세한 수련을 하고 있지만, 실제 내적 행위는 나의 영적 수준에서 온다.

요약하면 일상적인 생각들이 떠오르면 부드럽게 우리

의 거룩한 상징으로 돌아가게 된다. 그러나 동시에 하느님께서는 우리가 아무것도 하지 않고 그분의 현존 안에 머물게 하는 방식으로 의지를 붙잡는다는 것을 자각해야 한다. 후자는 내게 떠오르는 생각이나 지각을 떠나보냄으로써 쉽게 명백해진다.

향심 기도의 네 번째 단계는 우리가 이미 체험한 것이다. 이는 하느님의 현존에 머물려고 노력하는 모든 자의식을 떠나보낼 때 온다. 여기에는 자아성찰(향심 기도 안에서 자기 스스로 기도 진전에 대하여 알아보려고 하는 것을 말한다. — 역자 주)의 여지가 없다. 또 다른 면에서 '오늘은 기도가 잘 된다.'거나 '매우 평화롭다.'고 하는 생각을 자주 갖게 된다. 하느님과 일치 안에서, 지혜의 은사로서 오는 성령께서는 상상과 성찰 기관, 그리고 여기에 일시적으로 매달리려고 하는 것을 붙잡아 버리신다. 그래서 나약한 본성과 거짓 자아에 방해받지 않고 하느님 현존으로 가득차게 될 수 있다. 이는 마치 입맞춤처럼 온전히 하느님 현존의 즐거움 안에 빠지도록 한다. 이 기도 안에서는 교만이 들어설 여지가 없다. 하느님께서 하시는 일을 오직 직관적으로 보기 때문이다. 여기에는 우리를 교만하게 만들 어떤 것도 없다. 성령께서는 우리에게 하느님의 실체를 '알 수 없는 하느님', '겸손하신 하느님', '자애로우신 하느님', '가까이 계시는 하느님'이시라고 가르쳐 준다.

지혜의 은사는 관상 기도 안에서 전달되어 기도를 완전하게 한다. 또한 지혜의 은사는 영감을 받은 사도직의 원천이다. 우리는 할 수 있는 대로 최선을 다하며, 다른 방식으로 누군가를 돕기도 한다. 이처럼 지혜의 은사는 우리가 하느님의 방식대로 사람들을 돕도록 해 준다. 혹은 하느님께서 그들을 가르치려는 목적으로 사람들의 마음에 직접 말씀하심으로써 당신의 도구가 되게 한다. 그래서 그들 안에서 현존하시며 활동하시는 하느님께 나 자신을 더 열어 드리게 된다.

성령의 관상적 은사는 우리가 규칙적으로 향심 기도 수련을 충실하게 시작할 때 내 안에서 활동한다. 그런 다음 성령께서는 지식의 은사, 깨달음의 은사, 지혜의 은사를 전달하기 시작하신다. 이런 은사들은 우리가 보았듯이, 손가락처럼 서로 연결되어 있다. 손가락 하나하나는 제 모습과 제 기능을 지니고 있다. 그러기에 그 각각이 모두 소중하고 쓸모가 있다. 그 손가락들은 모두 함께 움직인다. 한 손가락이 자라면, 다른 손가락도 함께 자란다. 성령의 관상적 은사는 나의 전 존재를 사로잡는 하느님의 방법이다. 그래서 우리의 전 존재(육체, 정신, 영혼)는 하느님의 것이다. 성령의 활동적인 은사인 '경외', '굳셈', '효경', '의견'은 매우 중요하고 필요하다. 이 은사들은 활동 안에서 관상할 수 있게 하고, 관상적 체험을 활동 안으로 가져가게 한다. 그래서 어떠한 활동을 하든지 깊이 기도하도록 한다.

이제는 향심 기도의 효과에 대해 살펴보자. 그 효과는 우리가 기도를 바치면서 어떠한 체험에 매달렸던 것과는 확실히 다르다. 이 영적 여정을 처음 시작하는 이들에게 계속해서 거룩한 상징으로 돌아가라고 할 필요가 없다. 그러나 아주 짧은 순간이지만 내적 침묵 속에 잠길 수 있다는 사실에 언제나 부드럽게 열어야 한다. 우리의 상상은 끊임없는 생각에 너무 길들여졌기 때문에, 인간의 신체 기관이 이런 종류의 사고에 적응하는 데에는 시간이

약간 걸린다. 이는 단순히 생각하고 있음을 의식하지만, 내가 생각하는 내용에 관해서는 고려하지 않는 것이다.

깨달음의 은사가 조금씩 주입된다는 것은 우리가 영의 어두운 밤으로 들어가고 있다는 것 자체로 드러난다. 이때에는 영적 위안은 멈추고 영의 밤의 심연 속으로 던져졌음을 느끼게 된다. 영의 밤은 우리가 하느님에게서 소외되었다는 느낌과 같다. 하느님의 빛은 그분의 철저한 부재에 직면한 인간의 나약함과 무능함의 헤아릴 수 없는 심연을 드러낸다. 이때는 믿음과 신뢰에 대하여 심각한 회의가 일어날 수 있다. 지나온 길에서 즐겼던 일치의 순간으로 돌아가고자 하는 갈망은 심각한 상실감과 비통함을 일으킨다. 십자가의 요한 성인은 밤의 고통은 하느님의 사랑이 주입된 결과이며, 이는 우리 안에서 하느님의 사랑에 반대되는 모든 것을 소멸시키고 대항하게 한다고 가르쳤다. 믿음, 희망, 사랑의 향주덕이 우리가 지나치게 의존하는 인간의 버팀목(영적 체험이나 위안들을 말한다. — 역자 주)에서 자유롭게 한다.

향심 기도의 다섯 번째 단계는 일시적인 일치 체험이

나 영의 밤이 주는 고뇌 너머에 있다. 이 다섯 번째 단계는 전폭적으로 하느님의 현존이나 부재에 잠기는 것이다. 이 단계에서는 깨달음의 은사가 작용하고, 무의식의 정화가 일어난다. 대화나 심지어 친교를 통해 관계를 맺는 게 아니라, 내가 하는 모든 것 안에 현존하고 심지어 기도하는 동안 생각과 의식에까지 현존하는 것이다. 이는 단순히 체험한 하느님을 깨닫는 일이지만 이를 성찰하는 것은 아니다. 이런 깨달음은 이루 헤아릴 수 없고 아주 순간적이지만, 매일의 삶 속에서 우리와 함께한다. 이러한 것이 일어날 때까지 하느님의 현존하심에 끊임없이 머무르려고 노력해야 한다.

아기 예수의 데레사 성녀는 머리핀 하나를 줍더라도 사랑으로 행한다면 한 영혼을 회개시킬 수 있다고 여겼다. 그렇다면 핀 두 개를 줍는 것은 어떨까? 혹은 이를 닦을 때, 길을 걸어갈 때, 차를 마실 때, 이 같은 사랑의 지향을 가지지 않는가? 우리는 이와 같은 지향으로 일상 안에서 모든 일을 할 수 있다.

하느님께 대단히 사랑받는 존재라는 확신은 성령의

일곱 가지 은사로 자라난다. 그러니 스스로 너무 많은 일을 해야 하거나, 너무 많은 자녀를 두었거나, 노인들을 돌보아야 한다고 한탄할 필요가 없다. 바로 여러분이 있는 그 자리에서, 효경의 은사를 주시는 성령께서는 어떻게 그 상황을 하느님과 일치하는 순간으로 변화시킬 수 있는가를 제시하신다. 매일 향심 기도 수련을 한다면 이런 것을 얻을 수 있다. 향심 기도 수련은 내 안에 현존하시는 하느님 자비의 실체 안에 잠기게 한다. 이것이야말로 하느님께서 우리 안에 계신다는 의미다. 하느님께서 우리 안에 현존하신다는 것은 언제나 믿음의 위대한 진리로 여겨져 왔다. 이는 삶에서 계속해서 강조되어야 한다. 바로 이것이 영적 생활의 근본이 되는 원천이기 때문이다. 하느님의 위격적인 현존은 투명한 선물이다. 이 현존은 세례성사로 우리에게 전달되고, 견진성사로 보강된다. 그리고 매일 영성체를 함으로써 더욱더 강화된다.

향심 기도처럼 하느님께서 우리를 위해서 하시는 것을 강조한다면, 과거 전통적인 영성과는 다른 지점에서 영적 여정을 시작할 수 있다. 이는 내가 하느님을 위해서 무엇을 할 것인가가 아니다. 이는 하느님과 함께, 또 그분께서 나를 위해 무엇을 하실 것인가 하는 지점에서 시작할 수 있다. 이렇게 할 때 하느님의 현존하심에 동의하고, 그분께서 나를 위해 원하시는 일을 하시도록 맡겨 드리게 된다. 하느님께서 우리에게 바라시는 바는 인간적인 삶을 사는 것이다. 우리 각자는 이러한 기쁨을 그분께 드릴 수 있는 유일한 존재다. 그러므로 인간의 품위는 이루 다 헤아릴 수 없다. 우리는 인간성 속에서, 어려움 속에서, 나약함 속에서, 빠져나오기 어려운 유혹 속에서, 죄 안에서 하느님을 체험할 기회를 갖게 된다. 그러기 위해 주님께 초대받았다. 예수님께서는 모든 이들의 삶을 체험하는 길을 선택하셨다. 그리고 그것이 무엇이든, 당신과 일치하도록 모든 이들을 일으켜 세우기로 선택하신 것이다.

경외의 은사

진실한 마음으로
하느님 앞에
나아가는 용기

　성령의 네 가지 활동적인 은사 중에서 우선 경외의 은사를 살펴보기로 하자. 이 은사의 주된 영감은 우리의 삶은 통제할 수 없는 것이며, 하느님의 은총 없이는 영적 여정을 계속해 나갈 수 없다는 깨달음이다. 우리는 나 자신이 나약한 존재이지만, 존재하는 것만으로도 하느님께서 우리를 조건 없이 사랑하고 계시다는 걸 충분히 깨닫는다. 영적 여정이 진전됨에 따라 나 자신을 판단하게 된다. 그리고 관상 기도로서 내가 누구인지를 알게 되며, 문화 속에서 나타나는 여러 가지 편견에서 비롯된 이상화된 나의 모습이 진정한 모습이 아니라는 사실을 받아들인다.

경외의 은사는 주님께 대한 두려움이라고도 한다. '두려움'이라는 말은 무서운 감정을 의미하는 게 아니다. 이는 '경이로움', '외경', '존경'이라는 뜻의 두려움이다. 또한 하느님의 마음을 상하게 해 드리지는 않았는지에 대한 두려움이기도 하다. 이는 징벌에 대한 두려움이 아니라 사랑에서 우러나온 경외다.

현대 서구 사회에서는 이 은사를 '자신의 양심을 거스르지 않고 자기 자신과 인간의 고결함에 대한 참된 존경을 손상시키지 않는 것'이라고 설명하고 있다. 예수님께서 광야에서 받으셨던 세 차례의 유혹이 좋은 예시가 된다. 예수님께서는 당황하거나 두려워하지 않으시고 당신의 위치에서 정확히 대응하셨다. 그분께서는 매번 말씀으로 사탄을 물리치셨다. 주님을 경외하고 두려워하는 은사의 두드러진 특징은 양심에 충실하려는 자세다.

우리가 양심을 따르고자 할 때, 이러한 고결함이 드러난다. 다른 이들 안에서 고결함을 발견하는 순간에도 큰 감명을 받는다. 이는 항상 아름답고 경이로우며 힘을 북돋워 준다. 예수님께서도 광야에서 사탄의 유혹에 맞서서 말씀으로 그 비범한 고결함을 입증하셨다.

우리가 즐겨 보는 영화에서도 이러한 좋은 예시가 있다. 바로 영화〈여인의 향기〉다. 이 영화에는 불의의 사고로 시각 장애인이 된 퇴역 장교 프랭크 슬레이드라는 인물이 등장한다. 그는 사고를 당한 뒤, 분노와 절망에 빠져 자포자기적인 삶을 산다. 그래서 마지막으로 하고 싶은 일을 한 뒤, 죽기로 결심한다. 함께 사는 누이 내외가 휴가를 떠나자, 사립 학교 기숙사에 다니는 찰리라는 한 학생이 프랭크를 돌보기 위해 고용된다. 가족들이 떠나자 프랭크는 뉴욕으로 여행을 떠나기로 한다. 그러나 그는 앞을 보지 못했기에, 자살하기 전 자신이 계획했던 일들을 실행하기 위해서는 찰리의 도움을 필요로 했다.

한편, 찰리는 학교에서 벌어진 사건 때문에 곤경에 빠져 있었다. 그는 교장 선생님에게 장난을 친 학생 중 한 명의 신원을 밝히기를 거부했는데, 교장 선생님은 주동자가 누구인지 밝히지 않으면 찰리에게도 책임을 묻겠다고 말했다. 그렇게 되면 찰리는 일류 대학에 들어갈 수 있는 추천서를 받을 수 없게 되고, 미래에 대한 희망도 무너지게 될 상황이었다.

뉴욕에 도착하자, 프랭크는 호텔 방에서 총을 꺼내들고 자살하겠다고 말한다. 순간, 찰리는 자신이 주말에 프랭크를 책임지고 돌보기로 한 것에 대한 의무감을 느낀다. 찰리는 총을 빼앗으려 하지만, 프랭크는 절대로 총을 놓치려 하지 않는다. 결국 그는 찰리에게 담배 심부름을 시키고, 그 틈을 타서 목숨을 끊기로 한다. 하지만 수상함을 느낀 찰리가 호텔방으로 급히 돌아오게 된다. 프랭크는 이에 몹시 분노하여 자신은 더 이상 살아갈 이유가 없다고 소리친다. 찰리 역시 자신도 함께 죽는 편이 낫겠다고 답하자, 프랭크는 방에서 나가라고 소리친다. 하지만 찰리는 떠나지 않았다. 그에 대한 책임을 저버릴 수 없었기 때문이다. 프랭크는 찰리를 극한의 공포로 밀어 붙인다. 그는 스스로를 너무 증오한 나머지 누군가가 자신을 사랑할 수 있다는 사실을 믿으려 하지 않았다.

"나는 이미 늙었고, 살 만큼 다 살았어. 이 총에는 총알이 없다고 거짓말을 했지만, 여길 떠나지 않으면 너도

쏴 버리겠어."

그러나 찰리는 끝까지 포기하지 않았다. 결국 프랭크는 자신이 살아야 할 이유가 있다는 사실을 감지했으나, 오히려 이 점이 그를 화나게 했다. 그래서 자신도 죽고, 찰리도 죽이려고 했다. 그는 찰리의 멱살을 잡고 머리에 총을 갖다 대며 외쳤다.

"여기서 당장 나가! 그렇지 않으면 널 쏠 거야!"

"총을 이리 주세요! 총을 달라고요!"

이렇게 외치는 찰리의 얼굴에 초점이 맞춰진다. 그는 이미 프랭크를 위해 목숨을 바칠 각오가 되어 있었다. 결국 그들은 집으로 돌아온다. 하지만 찰리에게는 여전히 교장 선생님과의 문제가 남아 있었다. 그러나 처음으로 누군가의 참된 사랑을 체험한 프랭크는 변화되었다. 그래서 가장 먼저 찰리의 학교를 찾아가서 그를 변호해 주었다. 마침내 프랭크가 집으로 돌아오자, 조카 아이들이 그를 둘러싸고 환영한다.

이 이야기에서 볼 수 있듯이, 고결함은 확고함을 요구한다. 영화 속의 찰리는 프랭크에게 어떤 보상이나 감사도 요구하지 않았다. 프랭크는 그가 겪은 불운 가운데서 만난 젊은 동반자의 고결함으로 인해 자신의 근본적인 선함을 자각하게 되었다. 그리고 새롭게 만난 젊은 친구를 멋지게 변호하여 그의 앞날이 막히지 않도록 그의 진로가 막히지 않도록 하였다.

경외의 은사는 나 자신과 하느님 앞에서 항상 진실할 수 있게 해 준다. 이 은사는 우리에게 사랑의 진리를 알려 주어서, 자기방어나 안전 때문에 뒤로 물러서지 않도록 한다. 경외는 하느님께 대한 사랑으로 그분의 마음을 상하게 하지 않으려는 두려움이기도 하다. 그렇지만 우리 각자가 스스로의 고결함을 지키려는 충성심이기도 하다. 즉, 상황이 어떠하든 옳다고 믿는 일을 하려는 것이다. 프랑스의 잔 다르크 성녀가 목숨이 위태로운 상황에서도 종교 재판에서 용감하게 대항할 수 있었던 것은 양심에 대한 충실함이었다.

경외의 은사가 더해 갈수록 하느님께 대한 신뢰는 커져 간다. 겸손은 나 자신이 나약하고 아무것도 아니라는 것에 대한 심오한 인식이며, 동시에 하느님의 무한한 자비와 연민에 대한 보다 큰 신뢰다. 경외의 은사는 이렇게 상반되는 것을 함께 묶어 준다.

굳셈의 은사

두려움을 이기고
하느님을
사랑하게 하는 힘

　굳셈의 은사는 영적 여정에서 행하기 힘든 선善을 추구하도록 도와준다. 그러나 굳셈의 은사는 우리가 훨씬 더 멀리 나아갈 수 있도록 한다. 이 은사는 영적 성장의 길을 가로막는 주요한 장애물을 극복해 나가도록 힘을 준다. 이는 원래 지니고 있는 굳셈의 덕을 더욱 강화한다. 굳셈의 은사는 두 가지 방식으로 표현할 수 있다. 하나는 대중을 사로잡는 훌륭한 사도직으로 사람들을 격려하는 일이고, 다른 하나는 하느님에 대한 사랑으로 일상에서 할 수 있는 작은 일을 충실히 행하는 것이다. 내게 주어진 소명이 주부의 일이든, 노인의 일이든, 전문적인 일이든, 성직자의 일이든, 환경미화원의 일이든 이런 특별한 소명을 하루하루 잘 수행해 나가면 된다. 모든 일에는 하느님의 방법이 들어 있다. 성령께서는 각자의 삶에서 주어진 역할을 거룩하게 수행하는 방법을 보여 주신다. 그리하여 하느님의 현존 안에 머물 수 있도록 하셨다. 우리가 전 존재를 다하여 영적 여정을 진정으로 추구하려면, 하느님의 현존 안에 머물 수 있는 방법들이 매우 소중하고 필요하다.

굳셈의 은사는 힘과 통제라는 본능적인 욕구를 풀어 주어, 다른 이들에게 화를 내지 않도록 한다. 이것은 소극적으로 자신을 방어하는 비굴한 태도가 아니라, 오히려 분노와 적개심에 에너지를 쓰지 않으려는 태도를 말한다. 굳셈의 은사는 우리가 어떤 위험과 반대에 부딪치더라도 굳세게 행하기 힘든 선을 추구하게 한다. 성령의 일곱 가지 은사는 정서적 행복 프로그램(생존과 안전, 애정과 존중, 권력과 통제의 본능적 욕구를 동기의 중심으로 성장시키는 작용. 그 중심으로 우리의 사고, 감정, 행동이 끌려 들어간다. ― 편집자 주)의 과잉 동일시에서 자유롭게 한다. 하느님께서 우리와 함께하실 때, 그분은 확실한 보호자가 되어 주시기 때문에 두려워할 필요가 없다.

굳셈의 은사에 대한 좋은 예시를 보여 주는 놀라운 이야기가 있다. 바로 1996년 알제리 티브히린에 있는 '아틀라스 성모 수도원'에서 트라피스트 수도자 일곱 명이 순교한 사건이다. 그 수도원은 60년 동안 이슬람 국가인 알제리에서 신앙을 증거했다. 1991년 알제리 정부가 패배할 가능성이 높은 선거를 무산시키자, 프랑스 식민지였던 알제리에서는 엄청난 소요가 발생하였다. 선거에서 승리를 예상했던 이슬람 과격 단체는 정부에 대항하여 무장했고, 정부도 이에 맞서 그 세력을 축출하기로 했다. 1995년까지 사망자 수는 5만 여 명에 달하였다. 그 안에는 수백 명의 외국인과 여러 명의 성직자, 수도자가 포함되어 있었다.

아틀라스 성모 수도원 수도자들은 어느 편에도 가담하지 않았다. 그리고 사태가 극도로 악화되더라도 그곳에 머무르기로 결정했다. 수도원장인 크리스티앙 드 셰르제는 다음과 같이 말했다.

하느님의 뜻대로 제가 할 수 있는 일은 저의 눈을 성부께 맞춰 이슬람에 있는 하느님의 자녀들을 하느님의 눈으로 바라보는 것입니다. 이로써 그리스도 수난의 열매인 그분의 영광을 비추고, 성령의 선물로 가득할 것입니다. 성령의 은밀한 기쁨은 언제나 친교를 이루고, 서로 '다름' 안에서 '닮음'으로 바꾸어 나가는 것입니다.

1996년 3월 26일에서 27일로 넘어가는 밤, 무장한 괴한들이 일곱 명의 수도자를 납치했다. 그들은 수도자들을 인질로 붙잡고, 정부에 붙잡힌 반정부군 인질들을 석방하라고 요구했다. 그러나 이는 성사되지 않았다. 5월 23일이 되자 파리의 뤼스티저 추기경은 인질 석방을 기원하며 7주 전부터 켜 두었던 일곱 개의 촛불을 껐다. 일주일 후, 동강난 시체 일곱 구가 거리에서 발견되었다.

수도자들의 납치와 끔찍한 죽음에 대한 소식이 널리 퍼져 나가자, 전 세계의 무슬림과 그리스도인들의 비난이 쏟아졌다. 알제리 순교자들이 가져온 결과는 매우 놀라웠다. 세계 각지에서, 특히 유럽에서 그들의 증거는 널리 알려지게 되었다. 이 사건은 무려 80퍼센트의 시민들이 학살되었고, 대부분의 희생자가 그리스도인으로 특히 로마 가톨릭 신자였던 르완다 학살에서 제기되었던 수많은 의문에 대한 답이 되었다.

알제리 순교자들은 그들의 삶과 순교로서 선교의 새로운 길을 제시해 주었다. 또한 봉쇄 수도원의 남녀 수도자들의 새로운 존재 방식을 개척했다. 그들의 삶은 특정한 시공간을 초월하여 매우 커다란 중요성을 지닌다. 그리고 선교의 새로운 비전을 제시한 모범이 되었다. 그들은 알제리 사람들을 그리스도교로 개종시키는 데에 전력을 쏟지 않았다. 그저 그들과의 만남 가운데에서 이슬람교를 존중하고 이해하는 태도를 보여 주었다. 바로 이런 모습이 역사 이래 끊임없이 서로 다른 종교와 종교적인 전통 사이에 있어 온 전쟁과 반목을 종식시키는 유일한 방법이다.

자신의 종교만을 강요하는 모습은 시대착오적이며 적절하지 못하다고 평가받는다. 지구촌 문화는 다원화된 사회로 나아가고 있다. 이러한 상황에서 알제리 순교자들이 했던 말은 강력한 호소력을 지닌다. 그들은 순교자가 되는 것을 바라지 않았다. 그저 단순하게 가난한 이슬람 이웃들과 대화하기를 원했으며, 무슬림들 역시 그리스도께서 그들의 구원을 위하여 목숨을 버리시기까지 사랑한 이들임을 알고 있었다. 그들은 삶을 통해 그리스도의 무한한 사랑을 이슬람 이웃들에게 드러내 보이고자 했다. 그래서 코란을 열심히 배웠다. 또한 아틀라스 수도 공동체에는 의사가 한 명 있었기에 진료소를 열기도 하였다. 농업 기술도 전수하였고, 수도원 객사를 찾아오는 이들을 환대하였다.

그들은 순교하기 3년 전부터 티브히린에 남아 있는 것이 생존에 위협을 받는다는 사실을 알고 있었다. 좀 더 정확히 말하면, 이슬람 이웃들에게 봉사하면서 그중 하나로 살아가는 것 자체가 생존을 위협받는 일이었다. 《코란》에서는 "고독 중에 생활하는 거룩한 사람은 박해하지 않는다."라고 언급한다. 하지만 이러한 보호는 무슬림들과 함께하면서 그들의 일상적인 삶에 동참하는 이들에게는 해당되지 않았다. 수도자들은 자신의 양심에 묻기도 하고, 토론도 하면서 티브히린에 남는 것이 무슨 의미가 있는지 깊이 생각했다. 친구들이나 다른 동료 수도자들은 이미 이슬람 과격주의자들에게 살해되었다. 수도자들은 박해에 직면해서도 그들의 이웃과 헌신적으로 대화해 나갔다. 의도하지 않았지만, 그들은 이미 '죽음에 이르기까지 대화'라는 새로운 대화법을 개척했다. 이는 복음이 지닌 심오한 대화적 특징을 보여 주는 것이라고 생각한다.

알제리의 순교자들은 아무도 판단하거나 비난하지 않았다. 죽인 이들이나 죽임을 당한 이들이나, 억압하는 이들이나 억압을 당하는 이들이나 모두 그러했다. 그들에게 인류 가족은 적도 친구도 아닌 형제자매들이었다. 그들의 통찰력으로 볼 때, 세계는 "모두 하나 되게 하소서."라는 예수님의 가르침처럼 일치를 향해 나아가고 있으며, 궁극적으로는 이러한 일치에 이를 것이라고 보았다. 바오로 사도의 가르침처럼 하느님께서는 만민이 구원받기를 원하신다. 그러므로 모든 인류와 관계를 맺으시는 아버지시며 어머니시다.

아틀라스 성모 수도원 수도자들은 자신들이 유럽에 있을 때 지녔던 편견과 사고방식에 관해 공동체 안에서 토론하였다. 그리고 죽음에 직면했을 때에도 차츰차츰 대화로 풀어 나갔다. 그러나 엄밀히 말해서 그들은 죽음이나 순교의 영광에 대해서는 생각하지 않으며, 자신들을 죽인 이들이 받아야 할 징벌의 원인이 되고 싶지 않았다. 다만 일상생활에서, 또 수도자로서 하느님을 증거하는 삶의 질을 조금이라도 향상시키기 위해 이슬람 이웃들을 너그럽게 맞아들이고, 즉시 용서하며, 서로 이해하고, 그들을 위해 봉사하는 데 여념이 없었다.

또한 자신들의 특별한 환경 안에서 하느님의 말씀을 들었다. 그리고 무슨 일이 일어나더라도 매 순간 일상적인 수도자처럼 살 수 있도록 준비했다. 만약 순교하지 않는다면 모든 게 더할 나위 없이 좋겠지만, 순교하게 될 경우를 대비해서 미리 가해자들을 용서했다. 심지어 그들이 선한 지향을 가졌다고 믿고자 했다. 수도 서원의 견고함이 그들을 티브히린에 머무르게 했다. 하지만 서원의 의무 때문에 머무는 게 아니라 무조건적인 사랑으로 초대받은 것이라고 믿었다. 그들은 이러한 여정에서 복음이 우리를 부르는 네 가지 자유의 정상을 체험했다.

첫째는 고의로 저지르는 죄로부터의 자유다. 둘째는 죄의 뿌리, 즉 영성 신학에서 말하는 원죄로부터의 자유다. 셋째는 그리스도의 벗이 되고, 더 나아가서 그리스도의 정배가 되고, 그리스도와 일치하여 하느님께 사랑받고 그분을 사랑하게 되는 자유다. 그리고 마지막으로는 단순한 자유로움이다. 이것은 매 순간 하느님과 함께하는 자유로움으로, 아주 작은 봉사를 할 때나 현재 주어진 소임을 할 때, 그리스도를 위해 목숨을 바칠 상황 속에서도 누릴 수 있는 자유다. 그들의 선택은 모든 면에서 하느님의 말씀을 듣는 움직임이었으며, 더 깊은 차원으로는 말씀을 삶으로 사는 움직임이었다.

그러므로 굳셈의 은사는 서서히 다른 은사와 결합하여 자기를 방어하기 위해 자연히 일어나는 힘을 하느님을 섬기고 다른 이들에게 봉사하는 열정으로 바꾸어 놓는다. 또 어려운 사도직을 잘 수행할 수 있게 하며, 이에 맞서 싸우거나 절망감에 빠지는 대신 삶의 굴곡을 기꺼이 받아들일 수 있도록 해 준다. 이 은사는 선을 행하고 악을 제어하는 데 필요한 마음과 정신을 확고하게 심어 주며, 특히 어려움 중에 더욱더 견고할 수 있게 한다. 이러한 영감은 행복 선언 안에서 드러나고 있다.

"행복하여라, 의로움에 주리고 목마른 사람들! 그들은 흡족해질 것이다."(마태 5,6)

효경의 은사

하느님 안에
하나 되는 기쁨

　효경의 은사는 하느님을 경외하는 정신과 자신에 대한 지나친 엄격함을 원만하게 성숙시켜 나가게 한다. 이 은사는 이웃을 친절한 마음으로 이해하고, 온유한 마음으로 참아 주고, 쉽게 용서하고, 진실하게 사랑할 수 있도록 큰 영감을 불어넣는다.

　효경의 은사는 우리에게 하느님 앞에서 어린아이와 같은 태도를 갖도록 일깨우며, 모든 이들이 형제자매라는 의식을 갖게 한다. 그래서 비록 그들이 다른 종교적 신념을 갖고 있거나 혹은 무종교라 할지라도, 그 사람들을 경쟁자로 여기기보다는 여정의 동반자로 볼 수 있게 한다. 효경의 은사는 무언가를 분리하거나 구별하지 않는다. 이와 동시에, 전통을 존중하는 마음을 길러 주고 현대 문화와 일상의 환경에 적응하려고 노력하는 창조성을 길러 준다.

알제리에서 순교한 트라피스트회 수도자들이 굳셈의 은사에 모범이 되었듯이, 효경의 은사도 동일하게 드러난다. 그들 안에서 드러난 은사의 작용을 후자의 관점에서 다시 살펴보기로 하자.

그들은 가난한 이슬람 소작농들이 사는 마을에 위치한 트라피스트 수도원에 있었다. 그들은 봉쇄 수도원 안에서 안전하게 살 수 있었지만, 가난한 형제자매들과 대화하고 자선을 베풀라는 부르심을 실천했다. 그들은 죽기 2년 전, 테러리스트의 습격을 받았다. 그래서 그곳을 떠나라는 지시를 받았으나 단번에 거절했다. 죽을 수도 있다는 것을 알면서도 공동체 회의와 자신들의 양심, 그리고 수도자로서의 소명에 따라서 그곳에 머물기로 결정했다.

바로 여기에 효경의 은사가 드러난다. 그들은 이슬람

이웃들을 적이나 친구가 아닌 형제자매로 보았고, 그리스도교로 개종시킬 대상으로 보지 않았다. 오히려 공동체를 형성하여 자신들의 농업 기술을 나누고, 그들을 따뜻하게 맞이하여 한 형제자매임을 보여 주었다. 이슬람 이웃과 대화를 나누며 좋은 관계가 형성되자, 죽음의 위협에 직면하게 되었다. 그러나 수도 생활의 일상을 더욱더 질적으로 향상시키려 하였고, 그 지역에서 사는 이웃들을 진심으로 염려하였다.

그들은 순교를 갈망해서는 안 된다고 느꼈다. 자신들이 누군가의 죄나 징벌의 원인이 되길 원치 않았기 때문이다. 다른 말로 표현하면, 그들은 자신들을 죽일 이의 구원을 염려했던 것이다. 우리는 그들이 남긴 글에서 억압받는 이들뿐만 아니라 억압하는 이들을 위해서도 기도해야 한다는 것을 배우게 된다. 다음은 수도원장인 크리스티앙 드 셰르제가 남긴 유언이다. 그는 죽음이 임박한 상황 앞에서 이 글을 썼고, 사형 집행자에게 보냈다.

나의 마지막 순간의 친구여, 당신은 당신이 하고 있는 일이 무슨 일인지 모릅니다. 그러나 당신에게도 고맙다는 말과 함께 작별을 고하고 싶습니다. 하느님께 가서 그분의 모습을 닮은 당신의 안부를 전하겠습니다. 그리고 우리의 아버지이신 하느님께서 원하신다면 서로가 복된 도둑으로 천국에서 다시 만날 수 있기를.

효경의 은사는 알제리의 순교자들로 하여금 적까지도 형제로 사랑하게 하였고, 자신을 죽이는 이를 미리 용서하게 하였다.

이처럼 모든 이와 모든 행위에 대하여 완전히 용서하는 태도는 효경의 은사의 가장 성숙한 열매다. 인류가 한 가족이라는 의식은 관상 기도와 그 수련으로서 더욱 성장한다. 그리고 이러한 일체감은 온 지구상으로, 자연 세계로, 또 모든 피조물에게로 확산된다. 하느님 안에 만물이 있고, 만물 안에 하느님께서 계시다는 사실을 인식하기 시작할 때, 이러한 신적 내재는 존재하는 모든 것 안에 그분께서 계심을 인식하도록 한다.

실체를 이런 새로운 눈으로 바라보았던 몇몇 순간을 기억한다.

나는 종종 내가 살고 있는 수도원 부지의 사시나무 숲에서 산책을 하곤 했다. 사시나뭇잎들은 가벼운 산들바람에도 매우 민감하게 반응한다. 심지어 바람이 고요할 때도 몇몇 나뭇잎들은 항상 살랑거린다.

이는 내가 몇 년 전, 어느 여름날에 숲 속을 걷다가 받은 고요한 감흥이다. 산책을 하던 도중이었다. 갑자기 거센 바람이 불어와 사시나무 숲을 헤치며 지나갔다. 그러자 잎이 달린 모든 나무들이 바람에 반응을 하였다. 모든 나뭇잎들은 격렬하게 흔들렸다. 나뭇가지들은 이리저리 구부러졌고, 기립 박수를 치는 것처럼 보였다. 마치 사시나무들이 나를 향해 열렬히 손을 흔드는 것 같았다. 나도 그 나무들을 향해 손을 흔들었고, 공연히 그 떠들썩한 인사를 흉내 내려 하였다.

그러나 그 사시나무들이 정말 내게 손을 흔들었던 것일까? 아니면 내 안에 계신 하느님을 향하여 손을 흔들었던 것일까?

나는 나무 안에 계시는 하느님께 손을 흔들었다. 이는 경이로운 교환이었다.

내 안에 계신 하느님께서 그들 안에 계신 하느님께 인사를 건넨 것이다. 내 안의 하느님께서는 그들 안의 하느님이시기도 했다.

의견의 은사

진정한 하느님의 뜻을
이루기 위해

　의견의 은사는 신중함의 덕을 새로운 차원으로 들어 올린다. 이 은사는 장기간에 걸쳐 해야 할 것뿐만 아니라, 일상적인 삶의 세부적인 면에서도 해야 할 일을 제안한다. 내가 성령께 마음을 열수록, 성령께서는 더욱더 내 삶을 차지하신다. 더 나아가 성령께서는 몸소 내 삶을 살아가실 것이다. 우리는 살면서 비록 많은 잘못을 저지르지만, 결국에는 하느님께서 내가 어떻게 살아가야 하는지를 알고 계신다는 것을 깨닫고 돌아오게 된다. 오직 하느님만이 인간의 긴 여정을 알고 계신다. 나의 계획이 아니라, 인간을 위한 그분의 계획이 이루어져 가는 것이다.

의견의 은사가 주는 영감은 말로 드러나는 것보다 더 가까이에 있다. 하느님께서는 우리 곁에 너무도 친밀하게 현존하시기 때문에, 마음을 열기만 하면 언제나 그분의 현존하심을 지속적으로 인식할 수 있다. 하느님께서는 나 자신과 내 삶의 모든 것, 그리고 현실을 동시에 감싸 안으신다. 하루 종일 하느님 현존 안에 머물 수 있는 것은 관상 기도가 지속적으로 성장하기 때문이다.

우리가 조언자로서의 성령과 관계를 맺을 때 첫 번째로 드러나는 것은 나의 행동을 바꾸고 고칠 필요성을 느끼게 된다는 것이다. 성령께서는 우리에게 아버지의 집에서 어떻게 행동해야 할지를 가르쳐 주신다. 이는 마치 길에 버려진 아이를 교양 있는 가정에서 데려다가 사랑으로 돌보는 일과 같다. 이런 아이는 어떻게 행동할지 몰라 식당에 놓인 탁자 위에 흙 묻은 신발을 올려놓을 수도 있다. 이럴 때에는 누군가 그렇게 행동하면 안 된다고 말해야 한다.

언젠가 문제 청소년들을 위해서 일하는 한 수사님의 이야기를 들은 적이 있다. 그 수사님은 반항적인 아이 때문에 곤혹을 치르고 있었다. 예를 들면, 그 아이는 수프에 침을 뱉곤 했다. 수사님은 모든 방법을 동원하여 아이가 그렇게 하지 않도록 설득을 했으나 아무런 소용이 없었다. 그런데 어느 날, 그 아이가 다가와서 이렇게 말했다.

"수사님, 무슨 일이 일어났는지 알아맞혀 보세요."

"무슨 일인데?"

수사님이 되물었다.

"예수님께서 저에게 수프에 침 뱉지 말라고 하셨어요."

이처럼 의견의 은사는 우리를 완전하게 하거나 올바르게 행동하도록 이끄는 것에 국한되지 않고, 각자의 삶에서 어떻게 행동해야 할지를 매우 섬세하게 인도한다. 하지만 때로는 둔감하게 반응하기도 한다.

의견의 은사가 주는 영감은 대체로 실제적이고, 구체적이며, 현실적이다. 그래서 실제로 일을 어떻게 해야 할지를 제시한다. 때로는 매우 장기간에 걸친 계획들을 제안하기도 한다. 그러나 대부분의 경우에는 바로 지금 무엇을 먹어야 할지, 먹지 말아야 할지, 여행을 떠나야 할지 말아야 할지, 언제 잠자리에 들고, 언제 일어나야 하는지와 같은 매우 세부적인 부분까지 제안한다. 의견의 은사는 효경과 대치되는 것을 제안하는 것처럼 보일 수도 있다. 예를 들어, 의견의 은사는 수도 생활에 강렬하게 이끌리는 어떤 이가 그 삶으로 들어가지는 못하도록 하기도 한다. 하느님께서는 한계를 넘어 내가 예견하지 못하는 일을 미리 알고 계시기 때문이다. 성령께서는 우리가 몇 주나 몇 달 동안 미사에 참석할 수 없는 직업을 갖게 하는 것처럼 이상하게 보이는 일을 권할 수 있다. 동시에 성령께서는 이런 상황을 잘 받아들일 수 있도록 평화롭게 이끌어 주기도 한다. 나중에 이로 인해서 다른 이들에게 크고도 선한 이익이 되도록 도구로 쓰신다.

의견의 은사는 우리를 융통성 있게 하고 선입견에서 자유롭게 한다. 바로 이런 점이 이 은사의 특성을 잘 말해 준다. 거룩하게 살기 위해 신중하게 세운 계획을 이루는 데 필수적이라고 생각하고 행하는 것들이 하느님의 섭리로 완전히 허물어질 때가 있다.

우리는 신적인 자극에 민감해져야 한다. '의견을 구하는 것'은 보통 메시지가 직접적으로 주어지지 않는다. 그것은 하느님께서 우리에게 말씀하고 있다고 확신하게 하는 은사적인 선물인 '지혜의 말씀'도 아니다. 의견의 은사는 굉장히 놀라운 일을 겪을 때라도 평화로운 상태가 되도록 하는 섬세한 이끌림이다. 이 은사는 영적 여정을 걷고 있는 모든 이들에게 주어진다. 이 은사의 활동성은 나의 계획이나 합리성의 산물이 아니다. 특정한 사건 속에서, 그렇게 하는 것이 옳았다는 사실은 나중에 어디에선가 밝혀질 뿐이다.

이에 대한 예시로는 예수님께서 병자를 고쳐 주라고 하시며 일흔두 제자를 파견하신 것을 들 수 있다(루카 10,1-12 참조). 그들에게는 사람들을 감화시켜 예수님을 받아들일 수 있게 하라는 사명이 주어졌다. 하지만 제자들은 어느 면으로도 이 사명을 수행하기 위한 준비가 되어 있지 않았다. 신학교에 다닌 적도 없었고, 성경을 많이 알고 있지도 않았기 때문이다. 예수님께서 제자들을 불러 모으셨을 때, 둑 위에 널린 그들의 그물은 채 마르지도 않은 상태였다. 그들은 사도들이 아니었고, 예수님과 오랜 경험을 쌓은 것도 아니었다. 단지 짧은 시간 동안 무리지어 그분을 따라다니던 사람들이었다. 예수님께서는 실제로 이렇게 말씀하셨다. "이제 가서 병든 자를 고쳐 주고 마귀를 쫓아내어라." 만약 예수님께서 우리에게 이렇게 하라고 명령하셨다면 어떻게 응답했을까? 예수님께서는 그들을 둘씩 짝지어 보내셨다. 그러나 당신 자신은 가지 않으시고 제자들만 보내셨다. 제자들이 돌아왔을 때, 그들은 열광으로 가득 차 있었다. 자신들이 놀라운 성과를 거두었기 때문이다. 제자들은 입술로 찬양하고 예언을 했으며 은사를 받고 모여 드는 군중을 보고 감격하였다.

제자들이 자신들의 성과를 스승님께 말씀드리자, 예수님께서는 그들이 행한 기적에 너무 열광하지 말라고 말씀하셨다. 그리고 이러한 열광을 가라앉히시면서 그들의 이름이 하늘에 기록되는 것을 더 기뻐해야 한다고 말씀하셨다. 하느님의 계획에 참여했기 때문이다. 이는 바로 우리에게도 하시는 말씀이다. 우리는 나 스스로도 잘 알지 못하는 계획에 부분적으로 속해 있다. 그리고 그 계획을 따라가면서 의견의 은사로 성령의 이끄심을 구한다.

이 이야기 안에서 내 삶에 적용할 수 있는 것들을 좀

더 자세히 살펴보자. 종종 나 자신이 충분히 준비되어 있지 않은데, 어떤 일을 하라고 요구받는 상황에 처할 때가 있다. 이럴 때 보이는 첫 반응은 "안 돼요."이다. 식별하기 어려운 결정을 하기 위해서는 많이 기도해야 한다. 이럴 때, 그 일이 내게 전혀 적합하지 않다고 생각하기 때문에 선뜻 하려고 하지 않는다. 그러나 평온하게 '한번 해 볼까?'라는 생각이 들기도 한다. 내가 말하고 싶은 것은 그 일이 내게 적합하지 않더라도 해 보려는 마음이 생긴다는 것이다. 나 스스로가 적합하지 않다고 생각하는 것이 아마 사실일 수 있다. 아마도 그 일을 제대로 할 수 없을 것 같아서 주저하는 마음 때문일 것이다.

성령의 영감을 받은 행동은 대체로 세 단계로 나타난다. 첫 번째는 굉장한 노력을 요하는 어떤 일을 하도록 하느님으로부터 부르심을 받았다고 느끼는 것이다. 때때로 그 일이 시작부터 큰 성공을 거두기도 한다. 다음 단계는 처음 결과가 실패로 돌아가는 것이다. 이때는 내가 실수를 했다고 여겨 부끄러워할 것이다.

그리고 다시는 그런 낭패를 보지 않겠다고 다짐한다. 마지막 단계는 은총으로 말미암아 승리하는 것이며, 전혀 예상치 못한 은총일 수 있다. 이 세 가지 요소는 항상 함께 일어난다. 내가 누군가에게 가르치고자 했던 것이 한두 명에게 이어지고, 이것이 작은 모임의 핵심이 되어 그 가르침이 퍼져 나가게 된다. 이것이 은총의 승리다. 처음에 성공한 것처럼 보였던 일은 실제적으로 실패였고, 또 실패라고 생각했던 일은 성령으로 축복받은 사명의 시작이 되어 훨씬 더 큰 성과를 거두게 된다. 오직 우리가 해야 할 일은 첫 발을 내딛는 것이다.

제자들은 굉장한 성과를 거두었다. 실제로 특히 초심자들인 경우에는 성공보다 더한 실패란 있을 수 없다. 예수님께서는 제자들을 준비 없이 보내셨다. 그리고 그들이 성공을 기뻐하며 허영과 자만심에 들떠 돌아올 것을 알고 계셨다. 바로 이것이 그들의 실패였다. 예수님께서는 그들이 생각하는 성공의 개념이 자신이 뜻한 성공이 아님을 가르치셔야만 했다. 눈에 보이는 외적인 성공은 그것이 선교 사명이든 성령으로 온 소명이든 진정한 의미의 성공은 아니다. 오히려 실패한 것 같아서 부끄러워하는 일이 승리의 영광을 가져오게 한다. 물론 바라는 바가 아니었겠지만, 장기적인 면에서 본다면 상상한 것 이상으로 더 큰 성공이 될 것이다.

의견의 은사는 인간의 사리 분별대로 작용하지 않는다. 그렇다고 언제나 용의주도한 실천 계획을 제안하지도 않는다. 이 은사는 영적 여정의 원천이 되어 왔던 것과는 모순되는 길을 제안할 수도 있다. 예를 들어, 어떤 헌신은 어떤 이의 인생 시기에는 적절한 도구가 될 수도 있다. 그렇지만 나중에는 별 도움이 되지 않아 새로운 도구를 필요로 하게 된다. 이것은 그리스도교 전통의 위대한 헌신을 훼손시키는 것이 아니다. 어떤 이들에게는 이런 헌신이 전 생애에 탁월한 도구가 될 수도 있다. 또 다른 이들에게는 성령께서 어떤 영적 수련을 더하거나 **빼도록** 영감을 주기도 한다.

의견의 은사는 변화무쌍한 환경에도 적응하는 법을 일러 준다. 어느 시점에서는 성령께서 여러분이 향심 기도 안에서 하는 영적인 상징들이 더 이상 도움이 되지 않는다고 제안하실 것이다. 또는 신실하게 기도문을 외우는데 성령께서는 "수련의 열매가 이미 맺어졌다."라고 말씀하실 수도 있다. 그런 일이 생기면, 더 이상 도구가 필요 없게 된다. 이는 마치 뉴욕행 기차를 타고 가는 것과 같다. 도착하게 되면 뉴욕으로 갈 다른 차표를 살 필요가 없다. 이미 그곳에 도착했기 때문이다.

매일의 삶 안에서 하느님의 현존 안으로 들어가는 이러한 움직임은 모든 세세한 것들을 그분의 현존 안으로 가져가는 일에서부터 시작된다. 우리가 잠자리에서 일어나자마자 하는 일과 잠자리에 들기 전에 마지막으로 하는 일이 중요하기도 하다. 내가 무엇을 선택하느냐에 따라 그것이 유익하게 작용하기 때문이다. 어떤 이들은 잠자기 전에, 어떤 이들은 일어나자마자 성경 몇 줄을 읽을 수 있다. 또 어떤 이들은 바로 향심 기도를 할 수도 있다. 일어나자마자 자신을 봉헌하는 기도문을 마음속으로 바칠 수도 있다. 밤중에 일어나 향심 기도를 하고 잠자리에 다시 들지 못하는 이들은 향심 기도에서 취했던 자세로 들어가기도 한다. 그리고 한 시간 혹은 그 이상 그런 상태에 머물게 되면 잠자는 것만큼 휴식을 취했음을 발견하게 된다. 하루 종일 하느님의 현존 안에 있기 위한 방법을 창조적으로 모색하면 향심 기도에 들어갈 때 더욱더 하느님께 마음을 열 수 있다.

향심 기도를 포함한 많은 수련의 결과로 우리의 영적인 의지는 지속적으로 하느님을 향하여 돌아서는 상태로 자리 잡는다. 때로는 어떤 특별한 수련이 하느님께서 하시고자 하는 일에 장애가 되기도 한다. 우리는 하느님께 도움이 되려고 무언가를 하고자 한다. 의견의 은사는 내가 하느님께 드려야 할 협력 방안을 제시하며, 또한 그것이 더 이상 소용없는 시기도 제시한다. 그럴 때는 오직 하느님 안에서 쉬기만 하면 된다. 그러나 무언가 실행에 옮겨야 할 것 같은 생각 때문에 주의가 산만해지는 이도 있다. 그러므로 어떤 것이 무의식으로부터 올라오면 정서의 중심부에서 하나가 떨어져 나가는 것처럼, 이에 잠시 주의를 주고 나서 떠나보내야 한다. 이렇게 하지 않으면, 이를 버리려고 노력을 해도 소용이 없다. 아주 깊은 수준에서 평화를 느낄 때에는, 헌신적인 활동도 주의를 흩뜨려 놓는 것이 된다. 그것은 마치 무선 전파 위로 날아다니는 낡은 비행기들과 같다. 만약 비행기가 너무 오른쪽으로 가고 있으면 조종사는 한 번의 경보음을 듣게 되고, 너무 왼쪽으로 가게 되면 두 번의 경보음을 듣게 된다. 아무런 소리가 없을 때에는 비행기가 제대로 비행하고 있다는 뜻이다. 이때 조종사는 아무런 할 일이 없게 된다.

의견의 은사는 내가 하고 있는 일을 계속해야 할지, 혹은 바꿔야 할지에 대한 평화로운 마음의 상태다. 이는 제안이기에 무시할 수도 있다. 따를 수도 있고 버릴 수도 있다. 이렇게 민감해지기 위해서 내적 침묵을 유지하는 것이 필요하지만, 일단 형성되면 내가 평화를 잃었음을 알아차릴 때 행동하게 된다. 스스로 해야 할 임무는 끝난 것이다. 이런 평화가 지속되는 한, 항상 깊이 기도할 수 있다. 상담을 할 때나 힘든 육체노동을 할 때에도 내적 침묵과 평화로운 의식이 있는 한, 하느님께서는 우리에게 상황에 관해 생각하고 판단할 것을 요구하시지 않는다. 단지 평화 중에 머물기를 바라시며, 바로 지금 이 순간에 당신의 뜻을 이루기를 원하신다. 반대, 부정, 실패에 그다지 신경 쓸 필요가 없다. 인간의 노력과 실패 그리고 은총의 승리는 성령의 역사에 뒤따르는 평범한 현상이라고 볼 수 있다. 심지어 은총의 승리는 우리의 선입견 때문에 이를 감지하기 어렵다. 은총으로 승리한다는 것은 실패의 굴욕을 기꺼이 받아들이는 것이다. 이것이 진정한 승리이며, 외적인 성공보다 위대한 승리다.

실제로 사도직에서 실패한 경험은 장기적인 면에서 우리가 어떻게 해야 할지를 알려 준다. 그것은 하느님에 대한 전적인 의탁이다. 나는 아직 이것 외에 사도직을 수행할 방법을 배울 수 있는 다른 길을 보지 못했다. 실패는 배움의 한 과정이다. 실패한 후에도 아마 잠시 동안 스스로가 놀랄 정도로 모든 일이 안정되고 잘 해결되어 갈 것이다. 그러나 그런 안정 상태에 매달리지 말아야 한다. 모든 일이 순조롭게 진행될 때, 성령께서는 새로운 생각으로 다시 실패하게 할 수도 있다!

보통 사람들이 영적 여정에서 성장하는 모습을 보면 큰 격려가 된다. 우리는 그들이 내내 얼마나 힘들었는지 보아 왔기에 이런 변화를 의아하게 여긴다. 그들은 많은 실패를 겪고, 고통을 받았던 것에 대해 온갖 불평을 했지만, 그럼에도 조금씩 하느님께 가까이 다가갔던 것이다. 그리고 성령께 의견을 구하면서 이를 실행에 옮기고 있었던 셈이다. 이것이 바로 진정한 성공담이다.

지식의 은사

모든 것 안에서
하느님 발견하기

　지식의 은사는 하느님과 관계를 맺기 위해 창조된 세상을 올바르게 이해하게 한다. 창조된 세상은 우리가 일반적으로 생각하는 것처럼 하느님의 대체물이 아니다. 창조된 세상은 하느님께로 향하는 디딤돌이며 그분을 드러낸다. 이런 기본적인 태도가 정립되지 않으면, 창조된 세상은 단지 공허한 것이며 환상일 뿐이다. 우리 역시 피조물이기에 지식의 은사는 나 스스로를 겸손하게 한다는 특징이 있다. 인간은 기본적으로 착각에 빠지는 경향이 있으며, 삶을 바라보는 관점이 언제나 옳고 정확하지는 않다. 이러한 지식은 향심 기도를 할 때 마음과 가슴을

여는 것처럼 나 자신을 열게 한다. 그리하여 설명하지 않아도 믿음과 신앙으로 하느님 존재 그 자체를 깨닫게 한다. 하느님께서는 예수님께서 복음서 안에서, 특별히 비유 말씀에서 드러나는 특성들처럼 지극히 현실적이시며 참으로 재미있는 분이시다.

지식의 은사는 오직 하느님만이 나의 행복에 대한 깊은 갈망을 채워 주실 수 있는 분이라는 사실을 꿰뚫는 직관이다. 지식의 은사는 안전과 생존, 힘과 통제, 애정과 존중이라는 본능적인 욕구로 일어나는 정서적 행복 프로그램에 쏟는 에너지에 새로운 시각을 제공한다. 이러한 욕구들은 유아들에게는 생존과 성장을 위한 필수적인 것으로, 억압받는다고 느끼는 만큼 확대된다. 그러므로 보상 과정이 손상될수록, 내가 속한 문화나 환경 안에서 욕구들을 만족시킬 수 있는 상징을 찾기 위해 점점 더 많은 에너지를 쏟게 된다.

우리는 거짓 자아의 본성 때문에 지구상의 모든 이들과 불행하고도 유치한 경쟁을 하고 있다. 이런 경쟁은 성공을 거두지 못한다. 일이 뜻대로 되지 않으면 곧 절망에 빠지게 되고, 폭격을 당한 것처럼 비참함, 슬픔, 분노, 두려움과 실의에 빠지게 된다. 이렇게 인간의 삶은 욕구, 좌절, 쓰라린 감정의 끝없는 순환이다. 이런 순환은 어떤 이들을 매우 비참하게 만든다. 그래서 이런 고통을 끝내기 위해 인생을 완전히 포기해 버리거나(냉담), 다른 누군가를 지배하려는 공격적인 방법을 택하게 한다. 우리가 향심 기도 수련에 응답할 때, 하느님의 영은 나의 무절제한 욕구의 좌절로 소진하는 에너지를 볼 수 있는 힘을 주신다. 성령께서는 우리에게 말씀하신다. "너희는 결코 어떤 본능적인 욕구 안에서 행복을 찾을 수는 없을 것이다. 그것들은 단지 창조물일 뿐이며, 하느님께로 나아가는 디딤돌로 계획된 것이지 대체물이 아니다."

성령께서는 우리에게 참된 행복의 원천을 보여 주시는데, 이는 친밀하고 언제나 현존해 계시는 하느님을 체험하도록 한다. 대부분의 사람들은 놀라운 은총으로 기쁨에 넘쳐 뛰는 대신에, 한탄의 세월을 보내고 있다. 이는 자연스러운 것이다. 왜냐하면 인간은 자신이 끔찍이 사랑하는 무언가를 잃어버렸을 때마다 슬퍼하기 때문이다. 이 세상에서 안전, 애정, 힘이 가장 위대한 것이라고 생각할 때, 이를 갖지 못하거나 절대로 가질 수 없을 때에는 자연적으로 한탄하게 된다.

지식의 은사가 작용하면 이런 한탄은 슬픔의 감정과는 달라진다. 이는 오히려 건설적이 되고 열매를 맺게 된다. 하느님께서 행복의 유일한 원천이시라는 사실에 익숙해졌기 때문이다. 그래서 희망 없는 기대에 쏟을 에너지가 더 이상 필요 없게 되고, 이로써 평화를 누리게 된다. 성령의 열매는(사랑, 기쁨, 평화, 친절, 충실, 온유, 선행, 인내, 절제) 일상 안에서 습관적인 기질로 드러나기 시작한다. 성령의 가장 성숙한 열매는 행복 선언에 들어 있는 참된 행복으로서 이는 훨씬 더 자유로운 성향을 지닌다. 열매 맺음으로 더 이상 초기 유년기부터 나의 삶을 계속해서 지배해 온 정서적 행복 프로그램의 찌꺼기에 얽매이지 않게 된다.

또한 성령께서는 4세부터 8세까지 문화, 부모, 교육, 윤리, 종교, 또래 집단으로부터 무비판적으로 흡수되어 형성된 나의 선입견과 편견들을 풀어 준다. 물론 이러한 사회적 실체 속에는 어떤 가치가 존재한다. 그러나 이러한 가치에다 나를 과잉 동일시하는 것은 하느님과 관계를 맺는 데 쏟을 에너지를 여러 가지 썩어 없어질 목적에 사용하도록 만든다.

지식의 은사는 행복 선언의 "행복하여라, 슬퍼하는 사람들!"(마태 5,4)이라는 말씀에 상응한다. 이때 슬퍼하는 이유는 초기 유년기부터 형성된 정서적 행복 프로그램이 더 이상 이루어지지 않음을 내면에서 깨닫게 되기 때문이다. 이것은 지식의 은사가 가져다주는 직관적인 열매 중 하나다. 이는 지금까지 나의 삶에서 정서적 행복 프로그램이 끼친 피해를 깨닫는 것이다. 지식의 은사로 인한 슬픔은 '회심의 눈물'이라는 아름다운 은총이다. 이러한 회개는 또한 양심의 가책으로도 알려져 있다. 양심의 가책은 죄책감 없이 나의 실패를 겸손하게 인정하는 것이다. 만약 실패에 대하여 죄책감을 가진다면, 이는 나 자신의 감각 신경에서 오는 것이다. 나 자신과 다른 이들에게 피해를 준 것에 대해 자애로운 마음으로 슬퍼하게 되면, 이런 눈물은 스스로를 정화시킨다. 그러므로 참행복

에는 약속이 담겨 있다. "행복하여라, 슬퍼하는 사람들! 그들은 위로를 받을 것이다."(마태 5,4)

위로는 희망을 가지는 데에서 온다. 희망이라는 향주덕은 지식의 은사로 정화되고, 이 은사를 완성한다. 향주덕인 희망은 과거에 의존하지 않는다. 다른 말로, 희망은 내가 과거에 했던 일의 잘잘못에 근거하지 않는다. 내가 누구이든 상관없이, 심지어 이 세상에 가장 큰 죄인이라 할지라도 언제나 희망을 가질 수 있다. 희망은 과거의 행위에 근거하지 않기 때문이다. 희망은 지금 이곳에서 하느님의 무한한 선하심과 자비하심에 기초를 두는 것이다. 이 자비는 영원히 변하지 않는다.

슬퍼하는 이들이 행복한 것은, 앞서 설명했듯이, 슬픔의 감정이 희망의 향주덕으로 완화되고 균형을 이루어가기 때문이다. 양심의 가책은 실패했을 때 느끼는 비탄과 하느님 자비하심에 대한 한없는 신뢰의 혼합 혹은 완벽한 균형이다. 그러한 균형이 없다면 슬픔은 낙심에 **빠**지고, 심지어는 절망으로 바뀌게 될 것이다. 우리가 낙심할 때마다, 특히 내가 저지른 잘못으로 절망할 때마다 즉시 희망을 떠올려야 한다. 하느님께서는 무조건적인 사랑으로 늘 나를 기다리고 계시다는 것을 상기해야 한다. 하느님의 자비에 신뢰하며 그분께 돌아서는 순간 과거는 완전히 잊히게 된다. 하느님께서는 과거나 미래가 아닌 바로 지금 이 순간에 나와 관계를 맺으신다.

지식의 은사는 감각의 어두운 밤으로 인도하는데, 이는 우리의 정서적 행복 프로그램을 근본적으로 새로운 시각으로 보게 한다. 지식의 은사는 안전과 생존, 힘과 통제, 애정과 존중의 상징으로서 혹은 문화적 상황과 동질화된 가치로서 행복을 추구하려는 욕구를 풀어 준다.

참행복이라 불리는 성령의 일곱 가지 은사의 활동은 거짓 자아의 굴복과 정화의 결과로 일어나는 내적 부활이다. 아마도 향심 기도 수련으로 만나게 되는 첫 번째 은사는 내가 하느님과의 관계 안에서 피조물임을 인식하는 지식의 은사일 것이다. 엄밀히 말하자면 이 지식은 트라우마 경험에 대처하는 다양한 방법을 강구했던 어린 시절에는 가질 수 없었던 것이다.

지식의 은사는 직관적으로 오직 하느님만이 나를 만족시킬 수 있다는 것을 마음에 새겨 준다. 이는 합리적인 과정이 아니라 기도의 열매인 직관이다. 대체로 이 은사는 갑자기 드러나는 것이 아니라, 우리의 정서적 행복 프로그램과 문화적 상황에 대한 과잉 동일시가 점차적으로 사라질 때 따르는 결과다.

안전과 생존, 애정과 존중, 힘과 통제에 대한 욕구는 내가 살고 있는 문화의 상징들로 더욱 활성화된다. 우리가 기도에 헌신하고 하느님의 뜻에 온전히 따를 때, 정서적 행복 프로그램은 새로운 국면으로 바뀌게 된다. 이는 새 건물로 이사하는 것에 비유할 수 있다. 하지만 거주자들은 동일하게 그대로 남아 있다. 다른 말로, 회심의 결과로서 안전은 기도 안에서 위안을 의미하게 되고, 존중과 애정은 우리가 거룩한 사람이라고 생각하는 동료에 대한 존중을 의미하게 된다. 힘과 통제는 가끔씩 본당 사제나 수도원 원장이나 교구 주교가 되고자 하는 염원을 품게 한다.

이러한 염원은 요한 복음서에서 비난하는 "세상"에서

말하는 염원이다. 세상 그 자체는 우리가 회피해야 할 것이 아니다. 왜냐하면 세상은 필사적으로 우리의 도움을 필요로 하고 있기 때문이다. 문제가 되는 것은 세속적인 성향이다. 즉, 끝을 모르는 안전, 애정과 존중, 힘과 통제, 그리고 문화적 상황에 대한 과잉 동일시를 위한 정서 프로그램이다.

향심 기도를 수련하게 되면 스스로의 무의식의 역동성을 통찰하기 시작하게 된다. 아마도 에니어그램, MBTI 검사, 혹은 다른 자아 발견 프로그램으로 나 자신의 기질상의 성향이나 개인적인 특성들을 인식하게 될 것이다. 이 모든 가치 있는 정보들은 유용하지만 더 멀리 나아가지는 못한다. 왜냐하면 기질이나 습성들은 모두 무의식에 뿌리를 두고 있고, 의식의 수준에서 하는 최고의 노력들은 오직 이런 것들을 온건하게 할 뿐이기 때문이다. 성령께서는 우리가 하느님께 나 자신을 신실하게 바치고 신성한 치료자가 시키는 대로 했을 때 도움이 되어 주신다. 그렇게 되면 자아 인식이 열리게 된다. 이때 내가 선한 행동을 하는 것을 방해하는 거짓 자아와, 나의 그런 동기와 섞여 있는 거짓 자아가 지닌 원동력을 보게 된다.

예를 들어, 가치 있는 사도직 안에서 자기 자신을 발견함과 동시에 내적 불안을 체험하게 된다. 이때는 실제로 나 자신에게서 도망간다거나, 더 큰 침묵과 고독에로 부르시는 하느님으로부터 도망갈 수 있다. 아니면 일 중독자처럼 내게 맡겨진 사도직을 수행할 수도 있다. 우리는 '하느님을 위한 일 중독자들'이기에, 나의 동기가 이기심과 세속적인 것에 뒤섞여 있는 것을 식별하기 어렵다.

성령께서는 우리를 비난하려는 것이 아니라 돕고자 오신다. 그래서 언제나 용기를 북돋워 주신다. 성령께서는 현실이 우리가 보는 것과 같지 않다는 사실을 마음에 새겨 주신다. 이는 보통 원초적이고 본능적인 욕구에 뿌리를 내리고, 정서적 행복 프로그램을 향한 '욕구'라는 프리즘으로 현실을 보게끔 한다. 행복을 위한 기본적인 욕구들의 궤도나 중력거리에 들어오는 모든 것은 기본적인 충동이나 욕구에 부응하느냐 그렇지 않느냐에 따라 판단된다. 이런 기본적인 본능은 그 자체로는 아무런 잘못이 없다. 유아기나 아동기 때 이런 욕구들이 적절하게 충족

되지 못하면 그것이 왜곡되거나 과장된다.

성령께서는 오직 하느님만이 행복에 대한 우리의 갈망을 채워 주실 수 있음을 마음속에 새겨 준다. 이러한 깨달음은 거짓 자아와 정서 프로그램에 대한 것이고, 오히려 그러한 욕구들이 충족될 수 없다는 사실을 부인하지 않는다. 만약 인생의 상당 시간을 행복에 관한 생각을 하며 보냈다면, 적어도 내가 소망하는 만큼의 행복은 찾을 수 없다는 사실을 마음속으로 또 직관적으로 확실히 깨달을 것이다. 그러면 이러한 모든 프로그램들은 급진적으로 상대화된다. 이제 우리는 그러한 행복이 겨우 한정된 만족을 줄 뿐이며, 내가 하느님을 신뢰하고 그분께 모든 것을 내어 드릴 때 받는 절대적 행복은 주지 못한다는 사실을 깨닫는다. 우리는 최종 결과로 애통함의 시기를 통과해야 한다. 내가 사랑하고 의지하는 무언가를 잃었을 때마다 늘 이 같은 시기를 지나는 것은 당연하다.

감각의 어두운 밤은 일반적으로 하느님 혹은 예수님과 풍요로운 관계를 즐긴 후에 일어난다. 성경은 인간을 위해 활짝 열려 있으며, 우리는 성체를 모시고 영적 독서를 하고 피정을 하면서 이를 즐긴다. 이러면 개인적으로나 전례적으로 기도에 맛들이게 되고, 심지어 특별한 위안이나 통찰의 순간을 맛보기도 한다. 그런데 이때 영적인 것에 대한 나의 만족이 정서적 행복 프로그램과 뒤섞여 있음을 감지하게 된다. 동시에 이전에 내가 만족을 추구하며 하느님을 향하고자 했던 것들이 무미건조하고 재미없어진다. 이럴 때 이를 악물고 묵주 기도나 십자가의 길을 바치고, 성체 조배를 하곤 한다. 또 주일 미사 동안 자리를 뜨지 않으려고 애를 쓸 것이다. 이때는 성경을 읽는 일이 사전을 읽는 것처럼 느껴지고, 영적인 삶에서 후퇴한다고 느끼게 된다. 심지어 내가 체험했던 모든 좋았던 것들이 영원히 사라졌다고 느껴질 것이다.

이런 몇 가지 징조들은 감각의 어두운 밤이 나를 덮치고 있다는 표시다. 그러나 이는 하느님의 크신 자비다. 왜냐하면 정서적 행복 프로그램을 상대화시키지 않고서는, 계속해서 다양하게 종교적이고 영적인 가면을 쓰고 행복을 찾기 때문이다. 우리는 여전히 똑같은 낡은 자아를 지니고 있다. 물론 전보다는 조금 나아졌지만, 여전히 '간

판만 바뀐 셈이다.

지식의 은사는 하느님만이 나를 만족시켜 주시고, 인생의 기쁨과 만족은 단지 행복으로 가는 디딤돌일 뿐이라는 사실을 계시한다. 정서 프로그램들은 모두 한계가 있다. 그리고 이런 것에서 절대적인 행복을 얻으려는 추구는 순진한 발상이며 이루어질 수도 없다. 우리는 이제 정서적 행복 프로그램을 떠나보내는 동기를 갖게 됨으로써 거짓 자아는 틈을 보이기 시작하고, 그 갈라진 틈을 통해서 깊은 자기 이해와 무의식의 원동력을 인식하게 된다. 이런 프로그램들이 어떻게 나 자신을, 또 다른 이와의 관계를, 그리고 하느님과의 관계를 방해했는가를 알게 된다.

지식의 은사는 하느님과의 관계에서 창조물에 대한 올바른 질서를 세운다. 이는 우리가 모든 것을 잃어버린 것처럼 느끼더라도 창조물의 선함을 부인하지 않도록 한다. 실제로 창조물의 목적에 대한 참된 지식을 얻게 되고, 그러한 지식은 모든 것 안에서 하느님의 현존을 발견하도록 도와주고 지탱해 준다.

이러한 계시와 함께, 지식의 은사의 주요한 활동은 창조물 안에서, 심지어 가장 미세한 창조물 안에서도 하느님을 알아보는 것이다. 아시시의 프란치스코 성인은 모든 것 안에서 하느님을 발견한 가장 좋은 모범이다. 지식의 은사는 가장 미천한 것에서도 하느님의 현존을 감지할 수 있게 한다. 또한 특별히 전례적 상징이 지닌 충만한 의미를 일깨워 준다. 전례 예식의 상징들은 이 상징이 지닌 신적인 신비에 닿을 수 있게 한다. 이때 우회하지 않고 전례, 예식이 가리키는 신비에 닿을 수 있다. 지식의 은사는 감각의 어두운 밤을 지나는 동안에 이런 것들이 본성과 감성에 아무런 도움을 주지 않는 것처럼 보일지라도, 우리가 신심 생활, 전례 생활, 그리고 성사 생활을 끈기 있게 하도록 이끈다.

지식의 은사는 성령께서 주시는 관상의 은총 중에서 으뜸이다. 이 은사는 감각의 어두운 밤으로 들어가게 한다. 하지만 이는 고통을 주기 위한 것이 아니라, 행복을 가져다줄 수 있다고 생각했던 정서 프로그램을 상대화함으로써 우리를 조명하기 위한 것이다. 감각의 어두운 밤은 이런 점에서 고통스러운 것이지, 하느님께서 나의 죄에 대해 벌을 주시기 때문이 아니다. 하느님의 영께서는 정서적 행복 프로그램을 떠나보내고자 하는 우리의 노력을 서둘러 도와주신다.

지식의 은사는 또한 내가 속한 집단이나 역할에 스스로를 과잉 동일시하는 행동에서 벗어나도록 한다. 이런 예는 복음서 안에서 많이 찾아볼 수 있다. 예수님의 행적들을 보면 그 당시 사람들이 묶여 있던 사회적 상황이나 조건들을 허물어 버리셨음을 볼 수 있다. 이는 바리사이가 지녔던 문제였다. 바리사이는 자신들을 하느님의 대리자로 드러냈지만, 실제로 그들의 관점은 세속적이었다. 이는 신앙인이 아닌 이들이 자신의 사회적 혹은 정치적 신분 상승을 위해 신앙을 수단으로 이용하는 모습과 같다.

깨달음의 은사 I

우리 신앙의 진리를
밝혀 주는 빛

 깨달음의 은사는 신앙의 진리에 대한 통찰이다. 이 은사는 기도 중에 올 수도 있고, 기도하지 않을 때 올 수도 있다. 깨달음의 은사가 주는 영감은 일상적인 사고가 아니다. 오히려 자발적으로 일어나는 영적 인상이나 통찰이다. 대체로 기도 시간에 이런 은사에 관하여 생각하지는 않는다. 그렇지만 이런 영감이 주는 효과는 기도가 끝난 후에도 마음 안에 남게 된다. 이 은사가 영감을 불어 넣기에, 우리는 신앙의 신비를 통찰하는 깨달음을 즐기고 맛보게 된다. 그리고 이런 체험을 통하여 '성인들의 통공'에 관한 의미를 확실하게 깨닫게 될 것이다. 혹은 "말씀이 사람이 되셨다."(요한 1,14 참조)라는 성경 말씀 안으로 깊이 관통해 들어갈 수도 있다. 신앙의 진리는 대양의 가장 깊은 지점의 표면과 같아 보이지만, 성령께서 그보다 깊은 의미를 비추어 주지 않으면 밑바닥에 무엇이 있는지 알 수 없다. 깨달음의 은사는 그리스도교 교리의 중요한 진리 안에 숨겨져 있는 것들을 밝히 드러낸다.

깨달음의 은사는 계시된 진리가 의미하는 바를 신앙으로 완전하고 깊게 하며, 빛을 비추어 주고, 우리가 동의하는 신비를 더 깊이 깨닫게 해 준다. 예를 들어, 이는 거룩한 삼위일체나 하느님의 엄위하심의 일면일 수 있다. 혹은 성체 안에 계신 예수 그리스도의 현존일 수 있고, 고해성사 안에 드러나는 하느님의 무한한 자비일 수 있다. 다른 말로 이는 단지 우리가 믿고 동의하는 것에 대한 확언이 아니다. 깨달음의 은사의 특성은 살아 있는 신비 체험이다. 한두 번 체험한 이런 깨달음은 인생에서 지속될 수도 있고, 우리의 영적인 삶 전체를 완전히 재구성할 정도로 깊은 인상을 주기도 한다.

예수님께서 말씀하신 눈 속에 있는 들보(마태 7,3;루카

6,41 참조)는 일종의 암시로, 깨달음의 은사가 지닌 특성은 인간이 근원적으로 아무것도 아닌 존재임을 이야기한다. 이것은 재앙이 아니라 단순한 진리다. 인간은 무에서 창조되었다. 인간의 존재는 하느님께 주어졌기에, 우리에게는 어느 누구도 판단할 근거가 없다. 다른 이의 눈 안에 들어 있는 티와, 나의 눈 안에 들어 있는 들보에 관한 말씀은 나 자신을 보다 깊이 이해하도록 한다. 이는 우리로 하여금 무엇이든 있는 그대로 스스로를 받아들일 수 있도록 하는 해학적인 설명 방법이다.

'깨달음의 은사는 어떻게 작용하는가? 혹은 이 은사의 직접적인 활동으로 인한 심리적인 효과는 무엇인가?'

이 질문에 답을 하기 위해 내 체험을 나누고자 한다. 아마도 비슷한 체험을 한 이들이 있다면 자신의 경험을 떠올리게 될 것이다. 그리고 깨달음의 은사로 조명되어 하느님에 대한 자신의 전망과 신앙의 신비를 어떻게 넓혀 가야 할지를 깨닫게 되리라고 믿는다.

내가 예일 대학교를 다니고 있을 때, 깊은 영적 회심을 체험하게 되었다. 어느 날 도서관에서 토마스 아퀴나

스 성인의 저서인 《황금 사슬》을 읽게 되었는데, 이 책은 일명 '카테나 아우레아'라고 불리는 교부들의 성경 주석서인 네 복음서 전집이다. 나는 이 주석서를 읽으면서 복음의 관상적 차원이 그리스도교의 가장 중요한 일면이라는 사실에 눈뜨게 되었다. 교회 교부들은 이러한 해석을 성경의 '영적 의미spiritual sense' 혹은 '우의적 의미allegorical sense'라고 불렀다. 성경 해석에 대한 이해를 돕기 위해 서로 다른 시대에 각각 다른 단어로 표현되었던 것이다.

학교를 졸업했을 무렵에 제2차 세계 대전이 발발했다. 영국에는 폭탄이 떨어졌고, 전격전이 벌어졌다. 대학을 졸업한 후의 미래는 불투명해 보였다. 곧 전쟁으로 학기가 단축되었고, 나는 대학을 그만 두게 되었다. 그리고 징병을 기다리면서 몇 달 동안 포덤 대학교에 다녔다. 휴일에는 롱아일랜드에 있는 집에 머물곤 했다. 전쟁으로 가스 부족 현상이 발생했기에 몇 마일을 걸어서 매일 미사에 갔었다. 그 성당 사제관에는 친절한 80세 노부인이 일하고 있었다. 노부인은 매일 걸어서 성당에 오는 나를 보고 신학교에 보내야겠다고 결심한 듯했다. 그러더니 어느 날, 내게 가까이 다가와서 말을 걸었다.

"형제님이 몬시뇰님을 꼭 만나 뵈었으면 좋겠군요. 아버지 같은 분이시거든요."

그렇지만 나는 그분을 만나는 일에 별 관심이 없었다. 교구 사제가 되는 것에 전혀 끌리지 않았기 때문이다. 그러나 손해 볼 것이 없다는 생각이 들어서 몬시뇰을 만나 뵙기로 했다. 그렇게 만나게 된 몬시뇰은 정말로 성인 같은 분이었으며, 아버지처럼 나를 배려해 주었다. 그분은 "주교님과의 면담 약속을 잡아 보겠어요."라고 말했다.

그렇게 나는 브루클린에 있는 보좌 주교님을 만나러 갔다. 주교님은 나를 교구 신학교의 예비 신학생으로 등록시켜 주었다. 그리고 나는 징병 유예를 받게 되었다. 훗날 알게 된 사실이었으나, 당시 내 영장은 이미 나와 있었다. 그리고 그때가 징병 유예를 받을 수 있었던 마지막 순간이었다. 내 친구들은 모두 징병되어서 몇 명은 전사했기 때문에 여전히 내 마음은 편치 않았다. 몬시뇰은 훗날 암으로 선종하였는데, 전쟁 당시에 나의 걱정을 눈치 채고 이렇게 이야기한 적이 있다.

"이 전쟁은 너를 부르고 있는 게 아니다."

당시에 나는 친척들과 친구들, 그리고 스스로에게 병역 기피자로 보인다는 사실에 마음이 편치 않았다. 그럼에도 불구하고 그분의 말은 마음에 깊이 와닿았고 깊은 평화를 주었다.

나는 스물한 살이 안 되었기 때문에 부모님의 허가서 없이는 수도원에 입회할 수가 없었다. 부모님은 수도원에 입회하겠다는 내 말에 극구 반대를 하셨기에 나이가 찰 때까지 기다려야만 했다. 그리하여 1944년 1월에 로드아일랜드주의 밸리 폴스에 위치한 시토 수도원에 입회했다. 안치오 상륙 작전과 이탈리아 전선이 시작되던 때였다. 나는 특별히 군인들과 전쟁 희생자들을 위하여 기도하기 위해 수도원에 들어갔다.

나는 아무런 공적 없이 이 무서운 전쟁에서 면제되었다는 것을 잘 알고 있었다. 그래서 트라피스트회를 선택했다. 왜냐하면 이곳이 내가 찾을 수 있었던 가장 엄격한 수도회였기 때문이었다. 그 당시에는 더 금욕적인 생활 방식을 수련하면 더 관상적인 사람이 될 수 있는 것처럼 믿었다. 이제는 더 이상 그런 생각을 하지 않지만, 당시에는 그런 관점을 강하게 지니고 있었기에 기꺼운 마음으로 가장 엄격한 생활 속으로 들어갔다.

21년 후, 나는 수도원장이 되었다. 그리고 제2차 바티칸 공의회가 종결되었다. 수도회들은 복음과 현대적 삶의 빛으로 수도회의 규칙을 재조명할 것을 요청받았다. 900년 이후 처음으로 시토 수도회 규칙들이 재검토되었다. 이것은 많은 수도자들을 몹시 당황하게 만들었다. 트라피스트 수도원의 생활은 매우 엄격했다. 우리는 수도원장과 수련장을 제외하고는 거의 아무와도 말을 하지 않았다. 수도자들은 새벽 2시에 일어났고, 단식을 엄격하게 지켰으며, 고된 노동을 했다. 또한 성당에서 긴 시간 노래로 성무일도를 바쳤다. 가족들에게도 편지를 거의 쓰지 않았으며, 가족 방문도 받지 않았다. 가족이 아프거나, 집안에 장례가 났어도 방문하지 않았다.

그것은 일종의 죽음이었다. 내 아버지는 나의 이런 생활을 무덤에 들어가는 것이라고 표현했다.

그리고 내 교육을 위해 들였던 수고와 비용이 모두 허사였다고 이야기했다.

제2차 바티칸 공의회 이후에 수도자들의 생활양식에 큰 변화들이 생겼고, 많은 봉쇄 공동체가 극심하게 분열되었다. 몇몇 수도자들은 자신들이 처음부터 해 오던 수도 생활 방식을 그대로 유지하길 원했다. 그래서 어떠한 변화에 대한 제안에도 심각하게 동요되었다. 다른 수도자들은 좀 더 자유롭게 공동체에 유용해 보이는 실험을 시행해 보기를 원했다. 쇄신을 위한 총회에서 몇몇 수도원장들은 문 앞에서 신호가 떨어지기를 기다리는 경마와 같았다. 그들은 모든 승인된 실험을 시행했다. 허락이 떨어졌고, 경주는 시작되었다.

나는 이따금씩 많은 수도원장들과 변화에 대한 뜨거운 논제들을 이야기하기 위해 로마에 있었다. 그들은 정도의 차이는 있을지언정 모두 제정신이 아니었다. 그 당시 수도원의 수도원장은 모든 문제에 대해서 최종 결정권을 가진 이들이었다. 수도자들은 서로 다른 것을 원했기 때문에, 승산이 없는 상황이었다. 실험적인 방식으로 어떠한 구체적인 선택이 이루어져야 하는 것에 대한 좌절감과 실망감이 있었다. 더욱이 변화시켜야 할 것인지 말 것인지를 결정하기 위한 논제들을 신중하게 재검토할 충분한 시간적 여유도 없었다. 때때로 삶은 우리를 어떤 소설가도 생각할 수 없는 불가능한 상황으로 몰고 간다. 현실은 그 어떤 책보다 더 예측할 수 없다!

이 회의가 진행되는 동안 지친 수도원장 몇 명이 오후에 쉬는 시간을 제안했다. 우리는 남쪽으로 운전해서 안치오 해변을 방문했다. 그곳에는 이탈리아 전선에 참전했다가 전사한 수천 명의 미군이 묻혀 있는 공동묘지가 있었다. 나는 동료 수도자와 함께 이 공동묘지를 걷고 있었다. 그때 십자가와 다윗의 별을 보게 되었다. 그때 우리는 끝이 없어 보이는 줄 무덤을 따라 내려가고 있었는데. 순간 내 친구들에게 둘러싸여 있는 것처럼 느껴졌다. 마치 매우 사랑하는 이들에게 둘러싸인 채, 따뜻한 환대를 받으며 집으로 가고 있는 것 같았다. 나는 신비에 둘러싸여, 감사함이 솟구쳐 흘러넘치는 것을 느꼈다. 그때 나는 내게 일어나고 있는 이 일을 믿을 수가 없었다. 그래서 곁에 있는 이들에게 이러한 감정을 보이지 않으려고 애를 썼다. 예상보다 그곳에 조금 지체하게 되었을 때, 나는 이곳에 묻힌 병사들이 나의 특별한 친구들임을 분명하게 깨달았다. 그들은 마치 이렇게 말하는 것 같았다.

"포 계곡으로 전투를 하기 위해 올라갔을 때, 우리를 위해 기도해 준 이가 여기 있습니다. 금욕적인 삶과 기도가 절실히 필요했을 때 도움을 주어서 감사드립니다."

그 순간, "이 전쟁은 너를 부르고 있는 게 아니다."라고 했던 몬시뇰의 말씀이 떠올랐다. 그리고 섬광과도 같이 그 말의 깊은 의미를 깨닫게 되었다. 내가 전쟁에서 면제된 것은 나를 기다리는 다른 종류의 전쟁이 없다는 의미가 아니었다. 안치오 해변에 묻힌 친구들은 내게 이렇게 말하는 것 같았다.

"당신은 지금 우리가 치렀던 전쟁보다 더 오래 지속될 전쟁을 겪고 있습니다. 이를 잘 이겨 낼 수 있도록 우리가 돕겠습니다." 나는 그들이 나에게 빚진 것보다, 도리어 내가 더 많은 빚을 졌다는 것을 깨달았다.

가끔씩 교리상의 신조가 체험으로 폭발한다. 그 특별

한 때에 내가 받은 것이 모든 성인들의 통공의 생생한 체험이라고 생각된다. 그 교리는 다음과 같은 사실을 말한다. 바로 내가 알고 있는 사람들과 이승에서 봉사하려고 노력했던 이들은 먼저 세상을 떠났지만, 여전히 우리 곁에 있으며 나를 돕고자 한다는 사실이다. 그래서 우리는 머지않아 그들과 합류할 수 있다. 인간사의 모든 것은 상호 연결되어 있다. 우리가 지금 다른 이를 위해 무엇을 하든지 어느 날에는 되돌아 올 것이다. 현대 물리학에서조차 물리적인 우주 안에서 모든 것은 상호 연계적이라고 말한다. 모든 인류는 한 가족이다. 우리는 하나의 원천에서 왔고, 하나의 끝을 향해 가는 운명이다. 어떤 이들은 좀 더 멀리 가고, 어떤 이들은 뒤쳐지나 다시 일어선다.

이러한 체험은 내게 모든 이들이 서로 연결되어 있고, 우리와 다음 생애 사이의 베일은 매우 얇다는 것을 가르쳐 주었다. 그 체험은 나에게 주어진 전투에서 싸울 용기를 주었다. 실제로 하느님께서 나를 위해 따로 마련하신 전쟁은 오래 지속되었다. 나는 그 전쟁이 아직 끝나지 않았다고 확신한다.

우연히 떨어지는 말씀이, 내게 이야기해 주었던 몬시뇰의 말씀처럼, 마음속에 깊이 박힌다. 이를 '지혜의 말씀'이라고 부른다. 그 말씀은 바오로 사도가 코린토 신자들에게 보낸 첫째 서간 13장에서 이야기한 은사적인 선물 중 하나다. 그 말씀을 통하여 하느님께서는 명백히 여러분에게 중요한 것을 전달하고 있다.

죽음은 삶의 한 과정일 뿐이다. 만약 모든 성인들의 통공이 현실로 다가오게 된다면, 모든 장례는 영원한 생명을 기념하는 일이 될 것이다. 이는 새 장례 예식인 부활 미사의 위대한 통찰이다. 죽음은 단지 슬퍼할 일이 아니라 기뻐할 일이다. 나의 친구들과 친지들이 보다 깊은 일치의 차원으로 넘어가고, 우리는 그들과 다시 있게 될 것이기 때문이다. 이런 관계에 대해 생각해 볼 기회가 많지는 않다. 하지만 어떤 일이 닥쳤을 때, 우리에게는 많은 친구들이 있고, 그들은 결코 나를 잊지 않는다는 사실을 기억하자.

깨달음의 은사는 우리가 사도신경을 바칠 때 동의하는 것처럼 모든 신앙의 위대한 진리를 비춘다. 그리고 어느 순간 갑자기 이러한 의미를 경험으로서 통찰하게 된다. 그러면 내 안에서 깨달음의 은사가 작용하고 있다는 것을 알게 되고, 신앙을 새로운 통찰의 지평, 그리고 그 너머로 밀고 간다.

깨달음의 은사 II

고통 안에서 발견하는
하느님

　깨달음의 은사는 참행복의 순수한 마음에 상응한다. 이 은사에는 두 가지 측면이 있다. 신앙의 진리를 꿰뚫어 보게 하는 통찰력을 주고, 동시에 나 자신의 나약함을 현실적으로 보게 한다는 것이다. 이 은사가 활짝 피어나게 되면 나 자신이 아무것도 아니라는 깨달음과, 혼자서는 어떤 선한 일도 할 수 없음을 깨닫게 된다. 깨달음의 은사는 주로 '영의 밤' 안에서 작용한다. 성령의 정화된 사랑으로부터 우러나는 내적 자유가 무엇이든 간에 이는 엄청난 가치가 있다. 그리고 나 자신과 세상의 구원을 위해 시 하는 모든 외적인 일을 합쳐 놓은 것보다 더 위대하다.

성령께서는 우리가 하느님의 정화된 사랑을 온전히 따를 때, 차츰차츰 구원의 신비 안으로 들어오도록 하여 하느님 현존의 성사가 되게 하신다. 또한 신성한 은총의 전달자가 되도록 이끄신다.

깨달음의 은사는 레이저와 같다. 영혼의 심연에 불을 던져서 정서적 행복 프로그램의 뿌리를 드러내게 할 뿐만 아니라, 모든 편견, 육체의 과잉 동일시, 느낌, 역할, 문화적 조건의 뿌리를 드러내기 때문이다. 처음에는 내 안에 숨겨진 죄에 대한 성향들조차 알아차리지 못한다. 때로 이를 '원죄'라 부른다. 우리는 일반적으로 감각의 어두운 밤에 따라오는 하느님과 일치하는 결합의 시간을 즐기게 될 것이다. 그러나 하느님께서는 몇 가지 점에서 우리가 친교의 더 깊은 수준으로 가길 원하신다. 그럼으로써 우리는 나선형 계단에서의 과도기에 들어가게 되는데, 여기에서는 모든 게 어둠이다. 이럴 때에는 다음 정체기에 무엇이 수반될지 몰라 당황하게 된다.

깨달음의 은사에 대해 통찰을 하면 영의 밤으로 들어가게 된다. 보통 관상 기도는 우리를 이 방향으로 움직인다. 하느님의 활동은 철저하며 동시에 매우 균형적이다. 스스로의 약점을 알고 있거나, 심지어 하느님께 거부당하고 있다고 인식하는 가운데에서 이따금씩 밝은 지점이 드러나 열매를 맺을 기회가 생긴다. 이런 정화는 우리 안에서 일어나는 것이다. 이때 하느님의 현존을 즐기게 되는데, 그러면 너무 기쁜 나머지 모든 근심 걱정이 끝나고 여정을 마쳤다고 생각하게 된다. 하지만 몇 시간 혹은 며칠 후에 내가 다시 나선형 계단 위에 있음을 발견한다. 그리고 신성한 결합의 일시적인 기쁨조차 기억할 수 없게 된다. 이러한 대안은 그 영혼을 완전한 사랑으로 변화시키기 위함이다.

우리는 일반적으로 시련을 하느님의 벌로 해석한다. 하지만 이는 오해다. 예수님께서는 이를 명확히 밝히시고자 했다. 이 세상에 하느님께서 주시는 벌이란 없다. 오히려 우리가 하느님의 생명과 사랑의 충만함 안으로 들어가는 데 방해되는 것들을 치유해야 한다. 깨달음의 은사는 우리를 영의 밤으로 들여보내서 견디도록 한다. 이것은 참행복 안에서 절정을 이룬다. "행복하여라. 마음

이 깨끗한 사람들! 그들은 하느님을 볼 것이다."(마태 5,8)

  일전에 종교 간 대화 워크숍에 참석했던 적이 있다. 워크숍 참석자들은 우리 시대의 가장 비참한 사건을 경험한 이들이었다. 두 번의 세계 대전, 홀로코스트, 킬링필드, 베트남 전쟁……. 이 토론은 지금껏 내가 참여했던 그 어떤 토론보다도 특별했다. 각 토론 참석자들이 자신의 체험을 이야기할 때, 여기에 반응한다는 것이 점점 더 불가능해졌다. 그들이 겪은 고통 앞에서 무엇을 말한다는 게 진부하게 느껴졌기 때문이다. 한 베트남 소녀는 전쟁 중에 양측으로부터 학대를 당했다. 소녀는 자신이 살고 있던 마을의 생존자였기에 적에게 협조하고 있다고 의심을 받았다. 그리고 목숨을 위협당하며 미군과 북베트남 군인들에게 강간당했다. 한 캄보디아 소년은 수용소에서 하루에 두 번씩 고문과 살인을 목격해야 했다. 만약 그 소년이 자신의 감정을 드러내 보였다면 목숨을 잃었을 것이다. 소년은 자신이 그곳에서 살아남기 위해서는 결코 울지 않는 법을 배워야만 했다고 말했다. 그리고 그런 끔찍한 일들 앞에서 아무런 감정을 보이지 말아야 한다고 스스로를 다그쳤다고 했다. 그는 그 장소에 있는 이들이 자신을 받아들이고 공감해 준다고 느끼자, 자리에 주저앉아 울음을 터트렸다.

한 유다인 여성은 어린 시절에 홀로코스트의 한가운데에 있었으며, 부모님을 모두 포로수용소에서 잃었다. 그는 자신의 이야기를 하던 중에, 이와 같은 일들이 또다시 일어나는 것을 막기 위해서 인도주의적 기구를 설립했다고 말했다. 그런 다음에 이렇게 이야기했다.

"제가 겪은 상황과는 반대로, 제 민족이 당했던 일을 저도 똑같이 저지를 수도 있었다는 확신이 없었다면 아마도 이런 인도주의적인 일을 하지 못했을 겁니다."

나는 귀를 쫑긋 세우고 그 이야기를 들었다. 비록 가족을 잃게 되어 하느님께 대한 신앙도 잃었다고 이야기했지만, 그럼에도 나는 그가 하느님과 가까이 있다고 느껴졌다. 그가 인간이 겪을 수 있는 끔찍한 고통 안에서도 진정한 겸손을 발견했기 때문이다. 영의 밤은 이와 같은 깨달음을 가져온다. 만약 내가 처한 상황이 바뀐다면, 나 역시 어떤 악한 일을 저지를 수 있다는 사실을 잘 알고 있다. 영의 밤의 열매는 어떤 형태의 인간적인 지지에 매달리거나 유보함 없이 전적으로 하느님을 향해 돌아서는 것이다.

깨달음의 은사는 우리가 악을 저지를 수 있다는 사실과, 그럼에도 하느님만이 나를 강하게 만드신다는 사실을 깨닫도록 한다. 이는 극심한 고통 중이나, 혹은 기도 생활 안에서 점차적으로 발전한다. 오직 하느님만이 우리가 참혹한 비극과 고통스러운 상황에 처했을 때 저지를 수 있는 악행으로부터 보호해 주실 수 있다. 이 날카로운 빛 안에서 내가 받은 은사에 대하여 우쭐대거나 교만해서는 안 된다. 하느님께 받은 재능은 나만의 전유물이 아니다. 또 나 자신이 특별한 존재라거나 엘리트라는 의식을 가져서는 안 된다. 내가 하느님과 다른 이들에게 여태까지 되돌려 줄 수 있었던 것보다 더 무한한 빚을 지고 있었음을 깨닫게 되면, 이 밤 안에서 모든 게 불타서 사라진다.

겸손은 하느님과의 올바른 관계다. 이는 동시에 하느님께 전적으로 의지하고, 그분의 무한한 자비하심에 불굴의 희망을 건다. 내가 알고 있는 겸손한 희망은 영적 여정을 협상하는 가장 짧은 공식이다.

우리는 영의 밤 안에서 꽤 오래 지속될 수 있는 격렬한 고통의 기간을 통과해야 한다. 사람들은 이 기간에 동안 필사적으로 격려를 받고자 하지만 일반적인 조언은 도움이 되지 못한다. 이럴 때는 단지 그들 곁에 나란히 함께 앉아 손을 잡아 주는 게 훨씬 더 도움이 된다. 이 시기를 겪고 있는 이들은 하느님께서 자신을 버리거나 거부하셨다고 생각하고, 그분께 받았던 선한 모든 게 사라졌다고 느낀다. 이런 상황에서 조언을 건네는 건 진부하게 느껴질 것이다. 이는 감각적 위안을 휩쓸고 가 버린 감각의 어두운 밤보다 더 극렬한 체험이다. 영의 밤 안에서 하느님과의 관계는 가장 깊은 차원에서 회의가 일어나고, 나 자신이 엄청나게 타락했다고 느끼게 된다. 그러나 누룩의 비유(마태 13,13 이하 참조)가 말하는 것처럼, 하느님 나라는 이미 와 있고 심지어 도덕적 타락 가운데도 있다.

이런 통찰을 좀 더 구체적으로 전할 수 있는 예시를 들고 싶다. 내가 이 같은 힘든 시련을 통과하던 시절, 알리 맥그로우와 라이언 오닐 주연의 영화 〈러브 스토리〉를 보게 되었다. 이 영화는 서로를 너무나도 사랑하는 연인에 관한 이야기다. 그들은 말 그대로 서로가 서로에게 전부였다. 주인공 올리버는 가난한 이탈리아 이민자 집안 출신의 제니와 사랑에 빠져 결혼한다. 올리버의 집안은 매우 부유했는데, 그의 아버지는 아들의 결혼 소식을 듣고 의절해 버린다. 반면 제니는 사회적인 배경이 없었다. 올리버는 대학을 졸업하고 직장을 구하지 못했으나, 그럼에도 그들은 행복했다. 후에 올리버는 뉴욕의 로펌에 자리를 잡는다. 그때 갑자기 제니가 백혈병 진단을 받게 되고, 살 날이 얼마 남지 않았다는 걸 알게 된다.

그들은 유럽으로 마지막 여행을 가려고 했지만, 제니의 병세는 점점 더 심해졌다. 결국 제니는 올리버의 품에 안겨 눈을 감는다. 올리버가 병원에서 나와 걸어가는 그 장면에서 가슴을 에는 멜로디가 흘러나왔다. 올리버는 자신에게 유일한 보물이었던 제니를 잃고 살아갈 이유가 전혀 없는 것처럼 보였다. 영화의 마지막 장면에서 올리버는 공원 벤치에 쓸쓸히 앉아 있다. 우리를 강렬히 사로잡는 것은 그의 절대적인 절망감, 외로움, 상실감이다. 완벽한 상실이다.

이 마지막 장면이 내게 무슨 의미가 있는지를 깨닫기 전까지 눈물을 많이 흘렸다. 이는 내가 영의 밤에서 느끼는 것 그대로였다. 마치 하느님께서는 죽었고, 나는 문자 그대로 아무것도 남은 것이 없다고 느꼈다. 이는 완전한 슬픔이었다. 하느님께서는 나의 모든 에너지를 당신이 찾는 사랑 안으로 넣은 후, 작별 인사도 없이 돌아가시거나 영영 떠나버리신 것 같았다.

이는 〈러브 스토리〉에 나타난 로맨스의 비극적 결말 때문이 아니었다. 물론 이 영화의 결말은 내게 감동을 주었지만, 나는 이로 인하여 오히려 삶의 중심을 잃어버린 것과 같은 체험을 하게 되었다. 나는 이것이 영의 밤의 중요한 특성이라고 생각한다. 이 밤에는 고통과 많은 고뇌가 있지만, 무엇보다 상실감이나 거부감, 하느님으로부터 버림받았다는 것이 가장 크다. 이 여정 중에 있는 이들은 자신에게 안정제가 필요하다고 느낄지 모르지만 치료제는 없다. 다만 하느님께서 내게 은밀히 하시는 일을 완성하도록 무한한 신뢰를 지니고 기다리는 것만이 필요하다.

그분께서는 우리에게 더 좋은 것을 주실지언정 아무것도 빼앗아가지 않으신다. 밑바닥까지 내려왔다고 느끼는 그 순간에 우리를 도우신다. 그리고 이제 우리와 맺었던 관계가 끝났다고 하시는 게 아니라, 도리어 신적 일치로 인도하신다. 하느님께서 화가 나셨다는 느낌은 지극히 인간적인 감정을 그분께 투사하는 것이다. 하느님께서는 그런 분이 전혀 아니시다.

다음의 시는 이런 상태의 내적 성향을 묘사하고 있다.

자아의 황혼

지금, 내 영혼은 고독하다.
어디에도 사귈 친구를 찾을 수 없다.

그리고 어떤 것도 찾고 싶지 않다.

내가 오직 바라는 것은 당신뿐.

그리고 당신은 텅 빈 공허, 없는 것과 같다.

부재不在를 너무 강렬하게 사랑할 수 있기에

어느 존재함이 방해가 되겠는가?

나는 목표 없는 원 안에서 움직이는 존재.

예식, 기도, 거룩한 상징은 나에겐 의미가 없다.

그것들은 내게 전부인 당신을 전하지 못한다.

하지만 누구를 위해,

누구로부터 사랑도 위로도 받지 못하고

위로 받을 수 있다는 희망조차 없다.

나는 내면이 비워진 사람,

거기에는 아무것도, 당신도, 나도 없다.

오직 당신의 무한한 현존만이 있다.

그 현존함은 마치 나를 외면하는 듯

부서진 마음뿐.

나는 모든 이들과 관계 맺기를 갈망하지만
어떤 이와도 관계 맺는 방법을 찾을 수 없다.
그것은 단지 부족한 성향 때문일까?
절망적으로 누군가와 관계를 맺고 싶은 것은
당신을 위해서가 아니다.

신뢰는 어디 있는가?
사랑은 어디 있는가?
수동적인 정화가 끝나고
영의 밤 끝자락에 다다랐을 때,
남아 있는 것이 과연 무엇인가?
자아에 죽는 것이
내적 부활이다.
자아의 잿더미에서
일어나는 사람은 바로 나 자신이다.

지혜의 은사

하느님의 눈으로
세상을 바라보는 기쁨

    지혜의 은사는 하느님의 눈으로 사물을 보게 하고, 현실에 대한 신성한 시각을 불어넣는다. 그럼으로써 사건을 꿰뚫어 보게 되고, 심지어 매우 비참하고 고통스러운 상황 안에서도 하느님의 현존과 활동을 깨닫게 된다. 고통 속에서 하느님을 볼 수 있다는 것은 실로 지혜의 은사의 높은 차원이다. 이는 다른 방식으로는 배울 수 없다. 지혜의 은사는 참행복의 평화를 위해 일하는 이들의 원천이다. 이런 이들은 자신의 훌륭하고 다양한 능력들을 하느님의 지시와 영감에 온전히 사용하여 일치를 이루어 간다. 또한 가족, 공동체, 직장, 어디에서나 평화를 이룩한다.

'지혜'라는 말은 라틴어 '사피엔티아sapientia'에서 유래했다. 이 단어에는 '맛'이라는 의미도 있는데, '사피엔티아'는 실제로 '지식을 맛봄'을 뜻한다. 지식은 즐거운 것이다. 개념적이거나 추상적인 것만이 아니다. 이는 과일을 맛보는 경험과 같고, 사전을 읽는 것과는 매우 다르다.

그렇다면 하느님을 맛보는 것이 실제로 가능할까? 나의 대답은 "예."이지만, 이는 노력만으로는 얻을 수 없다. 스스로가 인식할 수 있는 장애물을 줄이고, 무의식의 동기를 정화시켜 하느님 사랑의 활동을 허용하는 가운데 준비할 수 있을 뿐이다.

지혜의 은사는 향심 기도 안에서 매우 중요한 위치에 놓여 있다. 왜냐하면 이 은사로서 기도 시간에 충만한 통찰, 기쁨, 심오한 침묵을 맛보거나 들을 수 있기 때문이다. 지혜의 은사는 개인적인 체험으로 하느님의 현존 신비를 전달한다. 이는 하느님 사랑에 대한 의심을 종식시킨다. 이러한 의심은 거부감, 자기 존중의 결핍 등으로 우리가 초기 유년기 때부터 지니고 있던 것이다. 어떤 면에서는 선행보다 하느님의 현존을 느끼고 이를 확언하는 것이 더 위대하다.

때때로 하느님의 현존 의식은 우리 안에서 작용하는 그 어떤 것이 아니라, 오히려 성삼위 중 한 위격 안에 인격화 되는 것이다. '아빠Abba'는 예수님께서 즐겨 사용하신 말씀인데, 그분이 세상에 오신 신비 체험을 드러내는 것이다.

가장 신중히 표현하면 하느님 체험은 참으로 경이롭다. 전례 음악에서 혹은 훌륭한 강연가로부터 오는 그런 피상적인 위안을 말하는 게 아니다. 감성적인 위로를 불러일으키는 감각에서 오는 자극은 지혜의 은사는 아니다. 다만 단순히 유익한 은총일 뿐이다.

지혜의 은사는 매우 심오한 원천으로부터 나오고, 예상치 않게 솟아나온다. 향심 기도를 할 때마다 아무것도 느끼지 못해서 그만 두어야겠다고 생각했는데, 갑자기 완전한 평화를 느끼게 되는 순간이 그러하다. 또는 하느님의 내적인 현존이 나를 어루만지고 있다고 느끼는 이유이기도 하다. 그러면 내가 불평했던 것을 의아하게 생각한다. 어찌 되었든 신음과 탄신 속에서도 하느님께서 언제나 내 곁에 계시다는 것을 깨닫게 된다. 그리고 마침내 그런 치기 어린 부분을 딛고 성장하여 하느님 현존의 심오한 손길을 받아들이게 된다. 이는 천국에서 떨어지는 한 방울의 이슬이 아니라, 사랑의 물결과도 같다.

지혜의 은사의 한 가지 특징은 비록 일시적으로 드러날지라도 영구하다는 점이다. 이 지혜의 은사는 영구한 은사로서 지성과 의지와 그 영감을 나눈다. 그리고 의지에 뿌리를 두고 사랑으로 자라난다. 사랑은 자비와 기도에 대한 충실한 행위의 결과로 자라난다. 사랑의 성장을 가로막는 것은 누군가를 기꺼이 용서하지 못함, 원한을 품고 있는 마음, 화해하기를 거부하는 것과 같은 심각한 장애들이다. 이런 것들은 다른 죄보다 더 사랑에 방해가 된다. 하느님의 사랑은 우리가 자신을 내어 주고, 포기하게 하게도 한다. 그리고 매우 강력하기도 하다. 관상 기도는 서서히 우리를 사랑의 물결 안으로 끌고 간다. 그 사랑은 삼위일체의 위격 사이에, 그리고 피조물 안에서 강생을 통하여, 특별히 모든 인류 안으로 끊임없이 흐르고 있다. 은총은 계속해서 그 물결 안으로 더 깊이 이끌어 준다. 우리 앞에 놓인 발판을 치우고 물결에 몸을 맡기고 흘러갈 때, 마침내 신적 일치 안에 잠기게 된다.

이따금씩 우리는 하느님께 대한 특별한 통찰을 하게 된다. 지식의 열매는 인간사와 관련이 있다. 지혜는 하느님께서 함께하는 것이다. 신적인 신비의 측면에 대한 통찰, 즉 하느님의 자비, 부드러움, 관대함은 지혜의 은사의 열매다. 이는 행동에도 영향을 주어 일상 안에서도 이끌기 시작한다. 의견의 은사만큼 세부적이지 않지만, 하느님의 관점이라 할 수 있는 더 높은 전망으로 이끈다. 하느님의 눈으로 사물을 본다는 것은 우리로 하여금 하느님 안에서 모든 것을 볼 수 있도록 한다. 토마스 아퀴나스 성인은 이 은사에 대한 자신의 논고에서 "지혜의 은사는 쓰고 달게 하며, 노동과 휴식을 하게 한다."라고 말하였다. 심지어 엄청난 비극 안에서도 어떤 신적인 단맛을 발견할 것이다. 하느님의 눈으로 바라보면 모든 일에 어려움이 없다. 사실 모든 것은 완전하다. 우리는 실체에 대한 높은 전망을 잃어버리게 될 때 고통을 느낀다.

나는 수도회에 입회하기 직전, 친구들과 부모님에게 작별 인사를 하기 위해 삼사일간 집에 머물렀다. 그들은 여전히 나의 결정을 이해하지 못했고, 가족 중에는 트라피스트 수도회에 관해서 조금이라도 아는 사람이 없었다. 그 당시 미국에 그런 수도회가 있는 곳은 오직 세 곳뿐이었다.

어느 날, 나는 누군가를 만나기 위해 할렘가 아래 쪽 길을 따라 걷고 있었다. 그 순간 갑자기 신비로운 현존에 완전히 둘러싸여 있다는 느낌을 받았다. 하느님 안에 있다는 의식은 너무 강렬해서 마치 성당 안에 있는 것 같았다. 나는 입회하기 위해 불타는 벽을 통과할 준비가 되어 있었다. 이런 은총은 가슴이 찢어지는 듯한 가족들과의 작별로부터 나를 보호하고, 또 용기를 불어 넣었다. 가톨릭 신자가 아니었던 어머니와 할머니는 눈물을 흘리며 나를 만류하셨다. 할머니는 슬픔에 정신을 차리지 못하셨지만, 달리 그분을 위로할 방도가 없었다.

제2차 바티칸 공의회가 끝난 후, 변화의 절정에 있는 것들이 매사추세츠주 스펜서에 있는 성 요셉 대수도원에

도입되었다. 그 무렵 나는 탈장 수술을 받게 되었다. 아마 우리 수도회의 남미 재단에 보낼 무거운 연장이 가득 든 가방을 운반했기 때문이 아닐까 하고 생각했다. 수술을 받은 뒤, 차츰 회복되고 있었지만 내적 시련에 부딪히게 되었다. 뿐만 아니라 트라피스트 제도의 몇 가지 실험적인 시행에 대하여 두려움을 느꼈다.

나는 가벼운 산책을 하려고 병실을 나와 길 위에 섰다. 바로 그때, 믿을 수 없는 부드러운 현존이 나를 잠식했다. 문득 하늘을 바라보자, 보름달이 떠 있었다. 하느님께서는 순식간에 아무 말 없이 처음부터 내 인생의 모든 것을 마련해 놓으신 것을 보여 주셨다. 이는 즉시 있는 그대로의 나를 받아들이고, 나 자신을 그분께 드리기 위함이었다. 내 삶의 모든 것은 하느님 계획의 일부로서 제자리에 들어가 있었다. 기쁨의 손짓, 감사 그리고 찬미가 내 안의 깊은 원천에서 흘러나왔다. 그분의 현존하심은 너무 친밀하고 모든 걸 꿰뚫어 보시며, 내 자유를 존중했다. 광대하지만 겸손하시고, 사랑스럽고 부드러우시며, 모든 것을 알고 계시고, 강력하지만 고요했다. 이는 힘이었고 확고했으며, 변함이 없고 영원하다. 또 모든 것의 충만함이었다. 그 순간에, 하느님께서는 내 모든 것을 알고 계신다는 것을 깨달았다. 심지어 내 삶의 단 일초까지도 알고 계시며, 여전히 사랑하셨다! 그리고 하느님께서 오직 나를 위해서 보름달을 창조하셨다는 것을 깨달았다. 오직 하느님께서 나를 위한 그분의 사랑을 드러내기 위하여 택한 이 밤을 기념하기 위해서 말이다. 또한 이 현존 안에서 경이로움에 대한 기쁨을 느꼈다.

나는 천천히 차도를 따라 걷기 시작했다. 길가에 있는 큰 나무가 갑자기 불타기 시작했고, 모든 것이 좋다고 느꼈다. 그리고 눈앞에 내 인생 전체가 순식간에 지나갔다. 나는 초원으로 걸어 들어갔다. 그곳에 있는 나무, 풀을 비롯한 모든 것이 그분을 드러내고 있었다. 나는 기뻐서 펄쩍펄쩍 뛰기 시작했다.

내게 이 은총이 얼마나 많이 남았는지 모른다. 특별한 은총이 처음에 올 때에는 매우 강렬하다. 그런 다음에 이러한 은총은 가라앉는 경향이 있다. 그러나 은총의 본질은 남아 있다. 이 체험은 한두 시간 정도 지속되었다. 나는 터져 나오는 기쁨으로 계속해서 여기저기를 껑충껑충 뛰어다녔다. 집으로 돌아왔을 때, 그 현존하심은 점차적으로 가라앉았다. 그리고 하느님께서 창조하신 달과 그 밖의 모든 것은 단지 나만을 위해서가 아니라 우리 모두를 위해서라는 것을 깨달았다. 인간과 사귀시는 하느님께서는 얼마나 부드럽고 인내로우신가! 완전히 일체가 된 현존을 묘사할 말이 없지만, 그 현존은 그런 놀라운 다양성을 지니고 있다. 우리는 하느님께서 얼마나 좋으신지 과장할 수 없고, 충분히 그분을 찬미할 수도 없다. 그러나 궁극적으로 하느님께서 실제로 현존하신다는 생각이 우리를 따라잡는 것과 비교하면 찬미는 모두 진부하게 느껴진다.

지혜의 은사가 지닌 특징은 하느님께서 인간의 삶을 어떻게 보고 계시는가를 보여 준다. 이는 너무나 놀랍기에 아무도 그 놀라움을 감당할 수 없다. 각각의 사람은 유일하다. 하느님께서는 세상에 올 모든 이를 위해 무조건적인 사랑을 베푸신다. 바로 이것이 지혜의 은사가 전하는 바이다. 하느님께서는 믿을 수 없을 정도로 모든 이를 사랑하시고 돌보신다. 우리가 한번 하느님을 향해 나아가면, 그분께서는 심지어 내 삶의 가장 파괴적인 것도 괜찮다고 이야기해 주신다.

지혜의 특성은 신비롭다. 이는 하느님의 선하심을 과장되게 할 수 없고, 그분에 관한 속된 생각으로부터 우리를 자유롭게 한다. 속된 생각이란 하느님을 백성이 자신에게 복종하기를 강요하는 폭군이라고 생각하거나, 유죄 판결을 내릴 준비가 되어 있는 재판관, 혹은 내 잘못을 잡아내기 위해 감시하는 경찰관 같다고 여기는 것이다. 이런 생각은 내가 미처 알지 못하고 있는 두려움을 하느님께 투사하는 것이다. 지혜의 은사는 우리가 하느님의 크심을 생각하게 하고, 그분을 항상 더 크게 생각하도록 영감을 준다. 이런 깨달음을 얻고 행동할 때, 감히 상상해 본 적이 없는 도전을 하게 된다. 하느님께 대한 생각이 클수록, 그분을 위해 하는 봉사 안에서 더 관대하게 행동할 수 있다.

지혜의 은사의 활동성은 내 안에 평화를 이루고 모든 능력에 질서를 주며, 또 그것들을 하느님께서 머무르시는 우리 존재의 가장 깊은 곳에 연결시킨다. 이 평화는 예수님께서 말씀하시듯이 "이 세상의 것이 아니다." 이 평화가 한번 자리를 잡으면, 우리는 다른 이들에게 평화의 원천이 될 수 있다. 그러므로 행복 선언에서는 이렇게 선언한다. "행복하여라. 평화를 이루는 사람들! 그들은 하느님의 자녀라 불릴 것이다."(마태 5,9)

성령의 더 많은 은사는 우리에게 열려 있다. 특별히 성령의 관상적 은사인 지식, 깨달음, 지혜는 삼위일체이신 하느님의 비할 바 없는 본성적 사랑과 그 기쁨을 맛보게 한다. 영적 여정은 변화적 일치 안으로 흘러들어 간 후에도 여전히 계속된다. 신적 일치 안에서 일체가 되는 흐름이 남아 있고, '자아의 밤'이라는 시에서 언급하는, 고정된 관점으로 자기 자신을 동일시하는 것을 떠나보내야 하는 것도 남아 있다.

아마도 다음의 시는 인간이 발전해 나가기 위한 과정에서 우리 삶의 목적과 의미를 깨닫는 데 탁월한 의미를 제시할 것이다.

자아의 밤

자아를 상대화시키고, '내'가 없어지면,
남은 시간이 그리 많지 않다.
오직 현재 순간만이 있을 뿐.
한때 나의 전부였던 시간이 '나'처럼,
이제는 더 이상 없다.
단지 추억일 뿐.

모든 간절한 갈망이 멈출 때
일치는 시작된다.
하지만 내가 행동하는 매 순간
심지어 기도할 때도
일치는 사라진다.

모든 고투가 멈출 때
나는 깨달음에 눈떠

영원한 현존하심을

끝없는 침묵 속에서 바라본다.

부록

성령 강림 대축일 부속가

오소서	성령님.	주님의빛	그빛살을	하늘에서	내리소서.
가난한이	아버지,	오소서	은총주님,	오소서	마음의빛.
가장좋은	위로자	영혼의	기쁜손님	저희생기	돋우소서.
일할때에	휴식을	무더위에	시원함을	슬플때에	위로를.
영원하신	행복의빛	저희마음	깊은곳을	가득하게	채우소서.

주님도움 없으시면 저희삶의 그모든것 해로운것 뿐이리라.

허물들은 씻어주고 메마른땅 물주시고 병든것을 고치소서.

굳은마음 풀어주고 차디찬맘 데우시고 빗나간길 바루소서.

성령님을 굳게믿고 의지하는 이들에게 성령칠은 베푸소서.

덕행공로 쌓게하고 구원의문 활짝열어 영원복락 주옵소서.